# Lembranças do Mundo Jurídico

Roberto Rosas

# Lembranças do Mundo Jurídico

GZ
EDITORA
Rio de Janeiro
2021

1ª edição – 2021



Presidente do Conselho Editorial
*Nelson Nery*

Diagramação
*Olga Martins*

Revisão
*Anna Cristina de Araújo Rodrigues*

CIP – Brasil. Catalogação-na-fonte.
Sindicato Nacional dos Editores de Livros, RJ.

R714L

Rosas, Roberto

Lembranças do mundo jurídico / Roberto Rosas. - 1. ed. - Rio de Janeiro: GZ, 2021.

208 p.; 24 cm.

Inclui bibliografia e índice
ISBN 978-65-5813-013-0

1. Direito - Brasil. I. Título.

21-68877

CDU: 34(81)



contato@editoragz.com.br
www.editoragz.com.br

Av. Erasmo Braga, 299 – Sala 202 – 2º andar – Centro
CEP: 20020-000 – Rio de Janeiro – RJ
Tels.: (0XX21) 2240-1406 / 2240-1416 – Fax: (0XX21) 2240-1511

Impresso no Brasil
*Printed in Brazil*

# Sobre o autor

01. Bacharel pela Faculdade de Direito da Universidade Federal do Rio de Janeiro (Faculdade Nacional de Direito).
02. Bacharel em Ciências Sociais pela Faculdade de Filosofia da Universidade do Estado do Rio de Janeiro (UERJ).
03. Doutor em Direito pela Faculdade de Direito da Universidade Federal do Rio de Janeiro.
04. Doutor e Mestre em Direito pela Universidade de Brasília.
05. Professor Titular da Faculdade de Direito da Universidade de Brasília desde 1967 (Mestrado e Graduação).
06. Membro Titular da Academia Brasileira de Letras Jurídicas, da Academia Internacional de Direito e Economia, da Academia Brasileira de Direito Tributário, da Academia Brasiliense de Letras.
07. Membro do Conselho Federal da OAB (20 anos), OAB/DF (6 anos).
08. Membro do Instituto dos Advogados Brasileiros, Instituto dos Advogados do Distrito Federal, Instituto dos Advogados de São Paulo, Instituto dos Advogados de Goiás, Instituto dos Advogados da Bahia.
09. Examinador de Concursos para: Juiz Federal (10 vezes), Procurador da República, Juiz do Distrito Federal (2 vezes), Procurador do Incra, Procurador da Fazenda Nacional, Procurador do TCDF, Advogado da União.
10. Examinador de Concursos para Prof. Titular (USP, UFPR; UFGO), Mestrado (UnB, USP, UFC, UFMG, UFGO, UFPE, UFBA, PUC/SP), Doutorado (UFMG, USP, PUC/SP).
11. Livros publicados: Direito Sumular (Malheiros, 14ª ed., 2006); Direito Processual Constitucional (RT, 3ª ed., 1999); Comentários ao CPC, vol. 5, Rev. Tribunais; Pedro Lessa – O Marshall Brasileiro; Processos da Competência do Supremo Tribunal; Locação; Sucessões; Poder Legislativo e Judiciário; Devido Processo Legal; Do Abuso de Direito ao Abuso de Poder; Perfis do Mundo Jurídico.
12. Teses: Do Abuso de Poder; A Família na Sistemática Constitucional; Do Dirigismo Jurisprudencial.
13. 140 artigos jurídicos nas revistas: Informação Legislativa, Forense, Tribunais, de Direito Público, de Processo, Brasileira de Direito Processual, de Direito Administrativo e outras.

14. Ex-Presidente do Instituto dos Advogados do Distrito Federal.
15. Advogado militante em Brasília (STF /STJ/ Justiça Federal – desde 1969).
16. Sócio- Diretor de Rosas Advogados.
17. Ex-Ministro do Tribunal Superior Eleitoral (TSE).
18. Presidente do Instituto Brasileiro de Direito Constitucional (1991-2002; 2007).
19. Diretor-geral do Instituto Brasileiro de Direito Constitucional (2003-2007).
20. Participante de 237 congressos, conferências e palestras.
21. Membro da Sociedade Brasileira de Direito Internacional desde 1970.

# Sumário

# I

# Introdução

Piero Calamandrei, ilustre advogado italiano, além de emérito processualista e jurista, publicou o clássico *Elogio dei giudici scritto da un avvocato*, traduzido em sucessivas edições luso-brasileiras – *Eles, os juízes, vistos por um advogado*. Não é obra de crítica aos juízes, e, sim, considerações sobre a magistratura, mas bem crítica ao advogado chicaneiro, inculto, sem condições de exercício, e até um manual de boas maneiras do causídico com os juízes. O livro não é de elogio, nem de crítica, mas o retrato de duas nobres atividades.

Aqui não há pretensão de cópia ou seguimento da linha de Calamandrei, mas a apresentação de fatos verdadeiros, no seio da advocacia, da magistratura e da academia, exemplos que podem se ajustar ao desejo de Calamandrei: "[...] elogio da justiça e dos homens de boa vontade que, sob a toga do juiz ou a beca do advogado, decidiram sua vida a servi-la".

Falar do passado é interessante para as novas gerações, sempre com a lembrança de Cícero – a história é a mestra da vida. Recordar-se é uma forma de ensinar coisas boas e evitar as ruins. Há sempre desconfiança nos livros de memórias, porque George Orwell já dizia que a autobiografia é uma grande farsa, pois o autobiografado exalta a si mesmo. Recordar é viver, segundo Gabriel García Márquez "[...] a vida não é a que a gente viveu, senão a que se recorda e como a recorda para contá-la". Apenas incentivar os leitores, às passagens perenes e históricas, sem preocupação do lançamento deste livro, porque, na tarde de autógrafos, amigos bondosos deslocados para o evento, fora das suas direções e rumo de casa. Vou ao grande cronista Ruy Castro (2018, p. 59): "A noite de autógrafos, por exemplo, é um terreno fértil para tal autor delirar e dizer, no dia seguinte, que assinou muito mais livros do que os modestos 15 ou 20 que autografou na vida real".

O valor central da nossa existência está onde estiver o tesouro de alguém, ali estará seu coração (Sermão da Montanha - Mt 6:21). É a informação de uma existência: "É o tempo da travessia ... E se não ousarmos fazê-la ... Teremos ficado ... Para sempre ... À margem de nós mesmos" (Fernando Pessoa).

Há muito egoísmo na não revelação do passado, do ocorrido, histórias a se repetirem. Carlos Drummond de Andrade sentencia com o poema Memória: "Amar o perdido/ deixa confundido/ este coração / nada pode o olvido contra o seu sentido/ apelo do não/ As coisas tangíveis / tornam-se insensíveis/ à palma da mão/ Mas as coisas findas / muito mais que lindas, / essas ficarão".

Assim justificado, vou em frente com a mão na lembrança e a impressão dessas memórias.

Não é um livro de memórias; são lembranças de fatos e pessoas do mundo jurídico, exemplos humanos úteis para os dias de hoje, pessoas contribuintes da construção do nosso arcabouço jurídico. Fatos exemplares ou não, mas dignos de nota, para copiarmos ou repudiarmos. Sigo os passos do poeta português José Régio:

> "Não sei por onde vou,
> Não sei para onde vou,
> Sei que não vou por aí."

Não vou como livro de memórias, e, sim, de lembranças.

# II

# Homenagens especiais

Além das lembranças ao longo deste livro, homenagens especiais a construtores do mundo jurídico, cada um no seu lugar, no seu tempo e a seu modo, em benefício do direito no Brasil (já falecidos, em ordem alfabética):

- Aliomar Baleeiro
- Carlos Maximiliano
- Carvalho de Mendonça
- Cesarino Júnior
- Clóvis Beviláqua
- Gonçalves de Oliveira
- Haroldo Valladão
- Hely Lopes Meirelles
- José Carlos Barbosa Moreira
- Luiz Gallotti
- Miguel Reale
- Nelson Hungria
- Orlando Gomes
- Orosimbo Nonato
- Pedro Lessa
- Pontes de Miranda
- Rui Barbosa
- Teixeira de Freitas
- Tobias Barreto
- Victor Nunes Leal

# III

# Lembranças antes de 1960

## 1. Rio antigo. A velha capital brasileira

A Bahia dominou o poder até 1763, porque lá estava a capital da colônia, o primeiro tribunal e o Legislativo – estamos na aproximação de nomes e adaptações de época.

Com a transferência da capital para a cidade do Rio de Janeiro, tudo isso passou a dominar o poder até 1960, quando Brasília foi inaugurada. O município neutro criado pelo Ato Adicional de 1834, Distrito Federal até 1960, transformou-se no Estado da Guanabara, hoje Estado do Rio de Janeiro, após a fusão com o antigo Estado do Rio de Janeiro, cuja capital era Niterói.

Foi um período de esplendor em que Câmara dos Deputados, Senado Federal e Supremo Tribunal Federal, no dia 21 de abril de 1960, passaram de armas, bagagens e componentes para a nova capital.

Muitos historiadores já descreveram esse período fantástico, principalmente no século XX (1900 a 1960), mais nas artes, na música, na política, no jurídico, porque tudo se concentrava na capital do país, e, com a dificuldade de locomoção, então o trem era o grande meio e o avião ainda incipiente, importante era realizar na cidade do Rio de Janeiro.

Foi um grande rompimento em 1960 que será sentido e descrito, no mundo jurídico, nestas linhas adiante.

Enfim, Rio ficou, mais um Estado-membro da imensa União, com seus problemas (e muitos), mas ficou a lembrança, relatada por Ruy Castro (2017):

> Houve tempo em que o Estado brasileiro, com todos os seus guichês, concorrenciais, licitações, carimbos e papéis timbrados, cabia direitinho no Rio de Janeiro – não por acaso, a capital federal.

## 2. Rio de Janeiro (1900-1960)

O Colégio Pedro II, fundado em 1837, serviu de modelo educacional nos séculos XIX e XX, tendo grandes nomes do cenário intelectual como alunos - ex-presidentes - Rodrigues Alves e Washington Luís e professores (Joaquim Manuel de Macedo, Capistrano de Abreu, Carlos de Laet, Coelho Neto, Gonçalves Dias, Sílvio Romero, Paulo de Frontin).

A projeção dos egressos desse educandário foi ao direito e especialmente ao Judiciário. Na década de 1930, despontaram dois grandes nomes - Filadelfo Azevedo, catedrático de Filosofia, e Hahnemann Guimarães, catedrático de Latim. Ambos transpuseram as portas do Imperial Colégio e foram para a Faculdade Nacional de Direito como alunos e depois como catedráticos de Direito Civil e, nessa escola, subiram ao Supremo Tribunal Federal (STF). Filadelfo faleceu em 1951, em Haia, e Hahnemann, em 1960, foi para Brasília na companhia do STF. O Colégio Pedro II foi pioneiro no acesso das mulheres a seus cursos (1922).

O Rio de Janeiro, até 1960, era dominado por poucas e excelentes escolas, já citado o Colégio Pedro II, o Colégio de São Bento, junto ao Mosteiro de São Bento, na Praça Mauá, o Colégio Santo Inácio, de formação jesuítica, e o Instituto Lafayette, na Tijuca, numa orientação eclética, talvez aproximada do Colégio Pedro II.

Somente quatro cursos universitários dominavam o Rio de Janeiro: Medicina, Direito, Engenharia e Belas Artes, sendo que Economia e Arquitetura foram implantadas mais tarde, com grandes nomes.

## 3. Cursos de Direito no Rio de Janeiro

São Paulo e Recife dominaram o ensino jurídico até 1890.

Os cursos de Direito foram criados em 1827, em Olinda e São Paulo. O Rio de Janeiro somente instalou o curso jurídico em 1891, a chamada Faculdade Livre de Ciências Jurídicas, que, em 1920, fundiu-se com outra, e assim foi formada a Faculdade de Direito da

Universidade do Rio de Janeiro, recentemente criada. Em 1937, essa faculdade foi denominada Faculdade Nacional de Direito, à época instalada na Rua do Catete, em prédio posteriormente ocupado pela Faculdade de Direito da Universidade do Distrito Federal (assim até 1960) e depois do Estado da Guanabara, até mudar-se para o *campus* da Universidade do Estado do Rio de Janeiro (UERJ) no Maracanã.

A sede da Faculdade Nacional de Direito foi instalada, em 1945, na Rua Moncorvo Filho. Foi o Senado no Império e na República (1826 a 1924), e nessa data o Senado passou para o Palácio Monroe, na Cinelândia, hoje demolido. Deve-se a Luiz Octavio Gallotti, então ministro do STF, antigo aluno, diligência para o tombamento do prédio da faculdade, e assim ocorreu (VALLADÃO, 1977, p. 176).

Em 1960, o Rio de Janeiro tinha seis faculdades de Direito (Nacional, Catete, PUC, Candido Mendes, Brasileira e Gama Filho), e São Paulo tinha três (USP, PUC, Mackenzie). Hoje perdemos a conta.

A reforma universitária, em 1966, prejudicou muito a estrutura das universidades federais e atingiu o núcleo central das escolas – a cátedra, que era vitalícia. Críticas à parte, os catedráticos da área jurídica eram figuras importantes do mundo jurídico que ascendiam por concursos públicos muito disputados e concorridos. Não havia catedrático nulidade. A carreira ficou confusa, porque um bom professor universitário é preparado durante muitos anos de estudo e experiência.

# IV

# Lembranças após 1960

## 4. STF: do Rio para Brasília

Marcada a transferência da capital do Rio de Janeiro para Brasília, naturalmente viriam os poderes – Executivo e Legislativo, por certo, também o Judiciário, naquela época, Supremo Tribunal Federal (STF), Tribunal Federal de Recursos (TFR), antecessor do Superior Tribunal de Justiça (STJ), e o Tribunal Superior Eleitoral (TSE).

Parte dos ministros do STF resistia à mudança, dentre eles Luiz Gallotti, personalidade forte e cativante e grande argumentador. No auge do debate, foi designada uma comissão de ministros para visitar Brasília antes da inauguração para ver a sede e as residências. A comissão voltou ao Rio, e houve a descrição – condições de trabalho, locomoção e moradia. No projeto inicial, foi destinada uma quadra no Lago Sul (chamada Península dos Ministros, hoje QL 12), com 11 casas para residência dos ministros.

Na sessão de relato do local brasiliense, houve a impugnação ao tratamento dado pelo governo ao STF, sem informar as condições. O então presidente, Ministro Orosimbo Nonato, reagiu e afirmou o bom tratamento até com fornecimento de plantas e documentos. Perguntou um ministro: "Onde estão as plantas?". O presidente respondeu: "No meu gabinete". E veio a reação da oposição: "Mas V. Exa. sonega aos colegas essas informações". O Ministro Orosimbo reagiu: "Vou renunciar à presidência por falta de credibilidade". Por decisão de 6 a 4 votos, no dia 21 de abril de 1960, o STF foi instalado, os ministros foram para apartamentos espalhados em várias quadras, e, no futuro, somente três casas da Península dos Ministros foram ocupadas por ministros do STF (Victor Nunes, Hermes Lima e Evandro Lins), as outras foram destinadas a ministros de Estado. A chamada Península dos Ministros destinava-se aos 11 ministros do STF.

Naturalmente, o clima do Planalto (físico e político) era totalmente diferente e adverso para os ministros, porque saíram da Avenida Rio Branco, em frente à charmosa Cinelândia, junto ao mar e às praias, para viver junto ao vazio lago de Brasília, na poeirenta nova capital. Certamente, isso deu aos magistrados uma união social e a convivência agregadora que não existia no Rio, porque lá as distâncias e os compromissos pessoais prejudicavam o convívio social, além da rotina profissional.

A distância física entre essas cidades impedia constante deslocamento, e era comum o uso de carro na estrada, na longa viagem. Certa vez, o Ministro Luiz Gallotti teve problemas cardiológicos na altura de Três Marias e lá foi hospitalizado, mas recuperou-se e voltou à atividade até a compulsória.

Os três primeiros anos em Brasília foram agitados para o STF (1960-1963). Assistiu à renúncia de Jânio Quadros (1961) e toda a celeuma política para a posse do Vice-Presidente João Goulart, com passagem pelo regime parlamentarista, até o retorno ao presidencialismo. Em 1963, enfrentou o debate sobre o voto aos sargentos, que o STF recusou, e houve uma pequena rebelião, em que os sublevados sequestraram o Ministro Victor Nunes.

Mais pesado foi após 1964, com as consequências do afastamento do Presidente Goulart. No dia 31 de março de 1964, o presidente do Senado era Auro Moura Andrade, mas o sucessor naturalmente seria o presidente da Câmara dos Deputados – Ranieri Mazzilli. Quem o transformaria em presidente da República? Foi chamado o presidente do Supremo Tribunal, Ministro Ribeiro da Costa, que entregou a faixa presidencial ao presidente da Câmara, que a manteve até a eleição do novo presidente – Castelo Branco.

Em 1964, o STF concedeu *habeas corpus* a Miguel Arraes, líder político em Pernambuco, e a Francisco Julião, líder nordestino para reforma agrária, e pela primeira vez o STF concedia liminar em *habeas corpus*. Mauro Borges, governador do Estado de Goiás, ameaçado de cassação e prisão, impetrou *habeas corpus* no STF, e o relator, Ministro Gonçalves de Oliveira, concedeu a liminar (a primeira no

STF), sustando qualquer ato até o julgamento, favorável ao paciente, com a concessão pelo plenário do STF.

O STF foi muito atingido pelos Atos Institucionais nº 1 e nº 5, que restringiam o exame dos atos emanados do regime militar e reduziam o alcance do *habeas corpus*, porém, não ficou silente e enfrentou casos delicados, como declarações de inconstitucionalidade do art. 48 da Lei de Segurança Nacional (afastava da atividade profissional ex-jornalistas e advogados, se atingidos por atos do regime militar). Certa vez, limitou o uso do decreto-lei (precursor da medida provisória) ao declarar a inconstitucionalidade de decreto-lei concessivo da purgação de mora em locação comercial. A reação foi forte do Ministro Aliomar Baleeiro – o tema não tinha nada a ver com segurança e urgência (pressupostos). Em 1973, condenou à censura o jornal *Opinião*.

Na história da Corte, ocorreu o ato mais trágico - aposentadoria dos ministros Victor Nunes, Hermes Lima e Evandro Lins (1969), três grandes figuras humanas e do mundo jurídico. Nunca fizeram política, apenas tiveram a coragem do livre convencimento. Hermes e Evandro Lins eram socialistas, acadêmicos, históricos, sem ativismo político nas suas atitudes e vozes. Em protesto a esse ato, o presidente do STF, Ministro Gonçalves Oliveira, renunciou à direção e aposentou-se. Foi eleito o Ministro Adalício Nogueira, que recusou a eleição, e, finalmente, foi eleito o Ministro Osvaldo Trigueiro.

Com a Constituição de 1988, o Judiciário tomou outra atuação e formatação, em especial o STF. Adiante falaremos do comportamento ideal do Judiciário, mas devemos assinalar a importância e o grande papel do STF ao dar-lhe o direito de falar por último e assim errar por último, como disse Rui Barbosa no Senado Federal, em 9 de dezembro de 1914:

> Em todas as organizações, políticas ou judiciais, há sempre uma autoridade extrema para errar em último lugar. O Supremo Tribunal Federal, não sendo infalível, pode errar. Mas alguém deve ficar com o direito de errar por último, a alguém deve ficar

o direito de decidir por último, de dizer alguma coisa que deve ser considerada como erro ou como verdade.

## 5. STF – processos e procedimentos

Num exame temporal, isto é, a fase do Supremo em Brasília (desde 1960), há grande transformação em procedimentos, modos de julgar, abrangência de julgamentos, formação da decisão.

O exame do recurso extraordinário tem sido pensado e repensado diante da imensa massa de processos, com os requisitos da relevância (1977) e da repercussão geral (1996). Apesar dessas exigências, a Corte sempre sofreu o assédio recursal.

A informática tem colaborado imensamente, em especial, com o processo eletrônico, pois permite informação rápida e acesso a dados, além da divulgação eletrônica da jurisprudência.

Há instrumentos materiais de ajuda no processo decisório dos ministros, dentre eles o importante assessor, colaborador nessas tarefas. Em 1963, por sugestão do Ministro Victor Nunes Leal, foi criado, por lei, o cargo de secretário jurídico (assessor) a ser exercido por dois anos (posteriormente sem prazo). Foi a primeira instituição daquilo que a Suprema Corte dos Estados Unidos da América chama de *clerk*, lá tão importante, que vários *justices* foram *clerks*, como o atual (2020) presidente – John Roberts.

A Corte sempre sofreu com o excesso de *habeas corpus*, porque esse importante instituto não tem grandes limitações (preclusão, prazo, coisa julgada). Nessa área penal, o Supremo enfrentou o importante processo originário, chamado Mensalão (2012/2014 – Ação Penal nº 470), em que entraram novas figuras jurídicas – lavagem de dinheiro e caixa dois –, mas a Corte, apesar dos esforços, provou não ter vocação para o processo penal originário (ação penal), observação comum ao Superior Tribunal de Justiça (STJ) (governadores), ao Tribunal de Justiça (TJ) e ao Tribunal Regional Federal (TRF), melhor na mão do juiz criminal no dia a dia da instrução criminal.

Nos Estados Unidos, o presidente da República submete-se ao juiz de primeira instância. O STF somente condenou o Deputado Francisco Pinto (GASPARI).

No controle concentrado de constitucionalidade, leis dão grande estrutura a esses julgamentos no rito e na possibilidade de modulação dos efeitos. Acentua-se a manifestação individual dos ministros na solução dos processos, com a quebra da colegialidade. O debate é muito importante no colegiado, principalmente na Suprema Corte. A unanimidade sempre preocupa e parece um julgamento ditatorial, sem discordância. Por isso, a divergência é sempre fundamental, e o voto vencido, respeitado.

A personalidade do magistrado reflete-se invariavelmente na substância dos seus votos e sentenças. Mas destaca-se a opinião do juiz no externar suas convicções, por vezes, afirmando posições, vencido. Assim, o voto vencido nos tribunais tem demonstrado pelos tempos afora a sua importância, porque, dissentindo do cotidiano, lança novas posições, abre clareiras na floresta imensa da lógica, permitindo novos esclarecimentos, construindo pontos de partida de novos conceitos e situações. Esses votos vencidos são inúmeras vezes prenúncios de novas orientações legislativas. Essa importância dada aos votos vencidos foi acentuada na Corte Suprema americana na fase do Governo dos Juízes (1895-1937), diante das posições excepcionais de Holmes, Brandeis e Cardozo, os famosos *dissents.*

Em nossa Corte Suprema, os votos vencidos, por vezes, foram precursores de futura jurisprudência. Destacam-se, dentre os maiores contribuintes à formação da jurisprudência nacional e precursores de reformas legislativas, três grandes magistrados que ocuparam cadeira no STF: Pedro Lessa, Filadelfo Azevedo e Orosimbo Nonato.

Pedro Lessa trouxe a sua parcela como jurista e professor por meio da sua combatividade, arrostando as velhas teorias e práticas. Assim foi na interpretação extensiva do conceito de *habeas corpus* como inserido na Constituição de 1891. Pedro Lessa pretendeu ir além da garantia do direito de liberdade de ir e vir, assegurando a liberdade de locomoção como pressuposto do exercício do direito ilegalmente cerceado ou ameaçado. Assim votou no caso da Mesa da Assembleia do Estado do Rio e no caso do Conselho Municipal do Distrito Federal.

Lessa pretendia que o direito fosse líquido e certo para proteger a liberdade individual no sentido da liberdade de locomoção, também para a defesa do direito ao exercício de determinada atividade. Lançava-se aí a semente de um dos mais utilizados remédios jurídicos para a garantia do direito líquido e certo: o mandado de segurança, que encontra suas raízes nos votos vencidos, nas opiniões isoladas de Pedro Lessa.

Outra figura importante foi Filadelfo Azevedo, que levou à Corte as manifestações jurídicas cheias de originalidade e coragem, incentivando contra as tendências conservadoras do tribunal. Filadelfo Azevedo destacou sua atuação no STF numa seara das mais importantes do arcabouço jurídico, fonte disciplinadora das atividades privadas e hoje também públicas: a responsabilidade civil do Estado.

Pelo art. 15 do Código Civil de 1916, a responsabilidade civil do Estado estava condicionada à prova de culpa dos funcionários no exercício de atividade representativa do Estado após larga conceituação de irresponsabilidade estatal por ato de seus funcionários.

Filadelfo Azevedo assentou, em voto vencido, as premissas da evolução nesse assunto. Apresentou um estudo histórico do problema, desde o bombardeio da Bahia (1912), da revolta do Forte de Copacabana (1922), da revolta de São Paulo (1924) etc., para fundar seu ponto de vista da responsabilidade civil do Estado com supedâneo na teoria do risco. Suas ideias frutificaram na Constituição de 1946 (art. 194) e na de 1967 (art. 107).

Outra posição notável foi a de Orosimbo Nonato, que apontou à doutrina e à vida jurídica brasileira todo seu inesgotável saber por meio do seu inconformismo intelectual expresso nos seus notáveis votos vencidos, principalmente em sua fase inicial no STF, com extraordinária contribuição.

Orosimbo Nonato deu à responsabilidade civil do preponente por ato do preposto as dimensões modernas e científicas. Entre outros votos memoráveis, plantou as raízes esclarecidas de nova doutrina e nova posição jurídica que veio a consubstanciar-se na Súmula nº 341 do STF.

A opinião divergente é tão democrática e útil como a opinião convergente, porque expressa uma vontade e deve ser aquela convicção útil e importante para uma decisão. Será, então, útil ao debate e ao futuro de uma linha interpretativa. Será, assim, convincente a abalar a maioria numa linha majoritária.

Na Suprema Corte americana, o mais famoso voto vencido foi de Oliver Holmes, talvez um dos mais importantes daquela Corte. Lá, os famosos *dissents* sempre foram respeitados e ouvidos na fixação de futuras diretrizes, como aconteceu com Holmes, ao despertar a Corte para as diretrizes do *due process of law*, ou da liberdade. Venceu, no futuro, nas suas teses, que vieram para estudos expressivos (*The Essential Holmes* – com introdução de Richard Posner e Justice from Beacon Hill, de Liva Baker –, profunda biografia de Holmes e seu tempo, quando foi chamado de D'Artagnan, o espadachim vibrante de sua opinião contrária e vencida).

A opinião contrária não pode ser apenas oposição, insistência e simples contrariedade sem convicção, mas afirmação e seriedade.

O voto vencido vale como opinião, e não impugnação. Aqui, destaque-se a posição do Ministro Marco Aurélio Mello (STF-1991-2020), notório voto vencido por convencimento e segurança, não mera discordância, às vezes, sozinho, muitas vezes, o único voto.

No Senado Federal, houve um senador que sistematicamente votava contra indicações (ministro do Supremo Tribunal, embaixadores) e assinalava a necessidade desse voto contrário para impedir a unanimidade. Esse era voto de impugnação e não convicção.

No conjunto da obra, o Supremo Tribunal está sempre presente na vida pública brasileira e, principalmente, nos grandes momentos, ainda que se discorde de certas decisões. Hoje, sofre as consequências da sua transformação, ocorrida em 1988 com a Constituição, pois cresceu muito e não conseguiu acompanhar essa evolução. O mesmo evento ocorreu em 1891, na passagem do Império para a República, em que o velho tribunal não acompanhou os novos tempos.

O acesso ao STF tornou-se forte, tais os instrumentos disponíveis e a dificuldade na separação do constitucional do infraconstitucional diante de uma Constituição aberta, a partir do extenso art. 5º. O juízo de admissibilidade do recurso extraordinário não tem tal importância, porque a negativa será levada ao STF no agravo. As decisões locais não se prestam ao serviço de admissão ou não, porque há fórmulas prontas de não admissão, soluções para todos os casos, e não individualmente. Hoje, não há um verdadeiro juízo de admissibilidade, porque assente em reiterações formulares

## 6. O Tribunal Federal de Recursos (1947/1989) e o Superior Tribunal de Justiça (1989)

A ideia da criação de um tribunal superior intermediário entre a justiça de segunda instância e o STF era antiga, até para diminuir as tarefas judiciárias do Supremo. A preocupação era com a criação de uma terceira instância e, finalmente, da quarta instância (STF).

A palavra "crise", de etimologia grega, significava forma de opção, de escolha, mas, no Brasil, crise significa fase difícil, conturbada, aguda.

Em todos os tempos, há crise do Estado, da sociedade, do direito, da justiça. Se como cidadãos estamos vinculados a todas essas crises, a da justiça toca aos magistrados, advogados, Ministério Público, porque está na nossa vida profissional e angustia a todos, e todos devem pelejar para a superação da crise da justiça.

Pela primeira vez, ouviu-se falar na crise do Supremo Tribunal. Andava-se pela década de 40, e algo clamava por soluções, na verdade, crise do recurso extraordinário mais do que da Corte Suprema. Em 1946, quando da edição da Constituição, o Supremo recebeu menos de 2.000 processos, por isso a Carta Magna criou o Tribunal Federal de Recursos (TFR), com nove ministros, principalmente, para julgar os recursos nas causas de interesse da União, antes apreciadas pelo STF.

De 1947 a 1987, portanto durante 40 anos, verificou-se que o STF não saiu da crise, e o TFR entrou em crise. Novamente, soluções, e a mais contundente foi a criação do STJ para conciliar as crises do STF e do TFR. Não bastava a criação de um tribunal, e, sim, lhe dar ossatura, feição própria e mensagem de otimismo aos militantes no Judiciário. Abriu-se a grande oportunidade do acesso das demandas a Brasília na conciliação do poder local com o federalismo e a isenção de uma Corte longe dos embates locais. O cidadão acredita na justiça e quer acesso, mas também quer a saída, no desejo da prestação jurisdicional – segura e rápida –, e isso não é resolvido nas eternas reformas do Judiciário, porque, sem reforma estrutural da justiça, desburocratização processual e reforma do Judiciário com objetividade, estaremos enganando a sociedade, os juízes, os advogados e os jurisdicionados, como ocorre nas constantes reformas simplesmente cosméticas e superficiais. Sem reforma processual profunda e objetiva para a massa das demandas, nada será feito. Processo para todas as camadas, e não processo complexo que não atinge os milhões de demandas em curso no Brasil, e não solução para os órgãos de cúpula do Judiciário, vítima das consequências de um intrincado sistema processual, vazio de soluções para resolver.

O STJ foi criado para ajudar no combate à crise. Tem lutado tenazmente para superá-la e atender o cidadão, que respeita a justiça, acredita no Judiciário, o mais respeitado e acatado dos poderes aqui e no mundo. Necessita de meios, de fórmulas.

Em 1989, o STJ foi formado com os 27 ministros do então Tribunal de Recursos e mais seis desembargadores estaduais (Athos Gusmão Carneiro/RS; Waldemar Zveiter/RJ; Claudio Santos/CE; Sálvio de Figueiredo/MG; Raphael de Barros Monteiro Filho/SP e Luiz Vicente Cernicchiaro/DF).

Assim foi ontem, vejamos hoje e o futuro.

O STJ está abarrotado (ou enclausurado no digital). Somente em 2018 foram distribuídos 348.000 processos e julgados 412.000 processos. Se dividirmos os apreciados por 30 julgadores, teremos o número individual de 10.000 processos.

Hoje, o processo eletrônico aumentou o acesso às informações e à jurisprudência e facilitou o trabalho de todos, especialmente dos advogados. Os novos sistemas de votação (presencial ou virtual) impõem nova conduta do julgador e do advogado, no modo de apresentação dos julgamentos, e do serviço dos advogados.

O STJ não pode continuar com o número avultado de processos. É necessária uma discussão isenta e objetiva, estabelecida entre os bons julgamentos, e a diminuição do número de feitos (ano 2020).

Soluções estão na mesa de debates: adoção do requisito da relevância; redução do acesso ao STJ (com restrições previstas em lei); aumento do número de ministros; modernização do sistema de julgamento (sistema de apresentação de votos, sustentações orais, acesso aos relatórios); uniformização de procedimentos nos órgãos julgadores; atenção aos memoriais, como incentivo de acesso ao julgador até com dispensa de sustentação; turmas com quatro ministros, remanescendo seis ministros para mais duas turmas, com a participação do vice-presidente e do corregedor da justiça federal como integrantes de órgãos, tudo ainda em discussão.

Sem alteração constitucional, de imediato, a reformulação da competência da Corte Especial, com a afetação das ações penais originárias para a Terceira Seção. Os embargos de divergência seriam julgados pelas seções, ainda que o tema abranja temas conjuntos. A uniformização da jurisprudência seria suscitada por órgãos julgadores ou ministros.

A dispensa oficial da leitura dos relatórios economizaria longo tempo, ainda que essa dispensa seja facultativa. Os relatórios seriam disponibilizados com a pauta. A apresentação de memorial permitiria ao advogado dispensa de sustentação. Esse fato seria revelado pelo relator.

O STJ, ontem, foi criado para desafogar o STF. Nesses 30 anos (2020), está afogado no presente. É necessária a adoção de providências para que amanhã a Corte não entre em crise definitiva (hoje é temporária).

Como diz Luiz Fernando Verissimo a propósito do lançamento do livro de crônicas *Ironias do Tempo* (2018), há o perigo de continuarmos a repetir o passado no presente e no futuro.

## 7. O retorno da Justiça Federal (1966)

A justiça federal foi criada por um decreto de 1890, antes da primeira Constituição republicana (1891). Ela abrangia a competência para os feitos de interesse da União e teve grande importância e prestígio, tanto que alguns juízes federais foram alçados ao Supremo Tribunal – Pires e Albuquerque, Godofredo Cunha, Otavio Kelly, Cunha Melo, Castro Nunes. A Constituição de 1937 extinguiu a justiça federal. Os feitos de interesse da União foram transferidos para a justiça estadual nas chamadas varas da fazenda pública. A segunda instância era o STF até 1947, quando foi criado o TFR (1947-1989).

Em 1965, o Ato Institucional nº 2 recriou a justiça federal com a livre nomeação dos primeiros magistrados, mantido o TFR. Logo adiante, houve o primeiro concurso para o preenchimento dos cargos de juiz federal (1974).

A justiça federal está congestionada desde 1966 porque, na criação, todos os processos de interesse da União passaram dos juízes estaduais para os juízes federais, que assumiram sem condições físicas e materiais, com falta de pessoal, mobiliário, local de trabalho, além de servidores sem nenhum preparo para o serviço judicial. Foi um grande erro não manter a competência residual das então varas da fazenda pública, e a justiça federal começar do zero. Transferiram o caos e instalaram o eterno congestionamento da justiça federal.

Em 1989, foram instalados cinco Tribunais Regionais Federais (TRF) - Brasília, Rio de Janeiro, São Paulo, Porto Alegre e Recife - como segunda instância. Foi grande iniciativa constituinte, com novo desenho de competências: extinto o TRF, com a passagem dos 27 ministros para o novo STJ e a transferência da competência do TFR para os TRF.

Em 2019, a justiça federal tinha 988 varas em todo o Brasil, segundo o Conselho Nacional de Justiça (CNJ). O Distrito Federal tinha duas varas em 1966 e, em 2019, tinha 27 varas.

A justiça federal começou pobre (material) em 1967. Instalações provisórias, sem mobiliário, sem servidores. Tudo emprestado - locais improvisados, mobiliário cedido (já usado) e servidores requisitados sem nenhuma experiência no Judiciário. Em Brasília, as duas varas federais foram instaladas no prédio do Ministério da Saúde (junto ao Itamarati). Alguns dos seus magistrados subiram ao Supremo (Aldir Passarinho, Carlos Madeira, Carlos Velloso e Ilmar Galvão).

## 8. Justiça Eleitoral

Os líderes da Revolução de 1930 inseriram entre os postulados daquele movimento a pureza do voto, da eleição e da representação política porque a fraude e a corrupção eleitorais abalavam o regime democrático. Não era fácil, pois a presença do coronelismo e do mandonismo local estava arraigada na vida política brasileira. Alberto Torres interpretou bem essa fase; Sérgio Buarque de Holanda mostrou como necessária à vitória da democracia a liquidação do personalismo da velha política oligárquica; e Assis Brasil lançou várias ideias, apregoando a renovação dos costumes políticos no modo de escolha dos representantes do povo. Não era fácil e ainda hoje não é fácil.

A instituição de uma justiça eleitoral veio colaborar nesse desejo, tirando-a do comando do poder local, e isso só poderia acontecer com a federalização da Justiça Eleitoral lançada no Código Eleitoral de 1932, com sua vida efêmera, apagando-se no eclipse institucional de 1937, mesmo porque tudo aquilo que Getúlio Vargas pregara em 1930 ele apagou em 1937. Não haveria razão para uma justiça eleitoral se não havia eleição. Mas ela recuperou suas forças e sua vitalidade com a segunda criação, em 1945, no movimento de redemocratização, quando se fez necessário o restabelecimento da vida política. Ali assegurou-se o sagrado direito do sufrágio.

Norberto Bobbio, em seu livro *A era dos direitos*, mostra que a linguagem dos direitos tem grande função prática, que é emprestar força particular às reivindicações dos movimentos de satisfação de interesses materiais e morais. Dentre essas satisfações, destaca-se a vontade política de votar e ser votado. Por isso, em 1945, não se pensou em outra estrutura senão repristinar a Justiça Eleitoral e criá-la mais forte e vigorosa. Assim veio a Justiça Eleitoral que permaneceu nas últimas décadas.

Como vê-la e analisá-la, basta o repasse por sua história a partir das eleições de 1945, com as emoções de revitalização política do Brasil, e na eleição de 1950, na querela sobre a maioria absoluta na eleição do Presidente Vargas.

A Corte manteve-se no centro político do país em todas as eleições até a década de 1980, quando se reconstituiu a vida partidária mutilada pelo Ato Institucional nº 2 de 1965, porque, se os partidos nascem da sociedade civil, infelizmente, isso nem sempre ocorre no Brasil, e o TSE é obrigado a colaborar nessa formação.

A Corte deu os parâmetros necessários à realização partidária e, em 1982, já recebia os frutos dessa colaboração, com número excessivo de partidos, atingindo, naquela disputa eleitoral no Rio de Janeiro, 28 partidos e, na eleição presidencial de 1989, 22 candidatos.

Desavisadamente, fala-se em intromissão do TSE na vida dos partidos. Tem procedência a crítica, muito menos por culpa do tribunal e muito mais pela falta de estrutura das instituições, muita legalidade e pouca legitimidade, e, principalmente, pela pretensão constitucional de abrir e liberar a formação de novos partidos, confundindo a formação com administração interna numa pura e ingênua indicação, que deveria ser complementada com legislação rígida para a sobrevivência dos partidos. Quando a Justiça Eleitoral procura superar os interesses intrapartidários, envolve-se num debate antipático, mais do que nas discussões interpartidárias, mas não tem outra solução, a não ser quando o quadro partidário tiver uma verdadeira autenticidade sem discussões familiares ou lutas internas de somenos importância e até de finalidade.

A apregoada extinção da Justiça Eleitoral é fruto do ressentimento daqueles que gostariam do livre-arbítrio ou do despotismo partidário quando no comando, mas não dos verdadeiros democratas interessados numa vida partidária forte e respeitosa. Ora, a extinção da Justiça Eleitoral levaria inexoravelmente a duas situações: as questões partidárias e eleitorais seriam resolvidas pelos partidos ou a justiça estadual julgaria esses conflitos. Nessa hipótese, faremos a exótica troca de uma dúzia por 12, porque a transferência à justiça local acarretaria mais sobrecarga se levarmos em conta que essa Corte, na eleição de 1994, julgou 1.610 processos, sendo milhares nos tribunais regionais eleitorais (TRE), além da administração de mais de 100 milhões de eleitores, ao provocar-se o debate sobre a legislação eleitoral, partidária e do sistema eleitoral. Foi uma patriótica atitude a discussão desses grandes temas que envolvem a reforma política, tão importante quanto as outras reformas, se não a mais importante, porque está envolvida com o tamanho do Estado, da nação. É uma contribuição a todos os poderes, mas, antes de tudo, uma chamada de consciência para a reforma política.

Tudo isso vem confirmar o acerto do Constituinte de 1946 em manter o prestígio da Justiça Eleitoral, ratificado em 1967 e 1988 como o ramo do Judiciário menos criticado, longe da acusação da morosidade, apesar de sua carga política e de imensos conflitos de facções poderosas. Não se fala em crise da Justiça Eleitoral. Aliás, Bobbio ensina-nos no prefácio de seu livro *O futuro da democracia* que devemos falar de transformação, e não de crise, porque esta nos faz pensar em colapso iminente. A situação da Justiça Eleitoral não é de crise, mas de transformação do Estado democrático, de ampliação do direito de sufrágio.

É importante o destaque a uma das etapas do processo eleitoral: registro de candidaturas, propaganda, eleição e diplomação. Essa etapa tem significado no TSE com o presidente e o vice eleitos.

Em 1950, Getúlio Vargas elegeu-se presidente pela segunda vez. A oposição fez intensa campanha pela não diplomação, porque o eleito não atingira maioria absoluta (metade + 1 dos votos). Como a tese não prosperava, principalmente no TSE, a última tentativa era a não diplomação, com o apoio possível do presidente do TSE, Ministro Ribeiro da Costa. A sessão foi tumultuada porque o partido oposicionista (UDN) contava com a vontade de Ribeiro da Costa de não diplomar Getúlio. Apesar do tumulto e do barulho, tanto que a sessão foi deslocada do plenário, então na Rua Primeiro de Março, no Rio de Janeiro, para o gabinete do presidente do TSE, a diplomação ocorreu.

Em 1956, Juscelino, eleito, foi ao TSE para a diplomação. Novamente, a UDN tentou não entregar o diploma. Era presidente do TSE o Ministro Luiz Gallotti, e a sessão realizou-se sem tumulto.

Já em Brasília, o TSE diplomou Jânio Quadros, Fernando Collor de Mello, Fernando Henrique Cardoso, Luís Inácio Lula da Silva, Dilma Rousseff e Jair Bolsonaro, sem discussões sobre a diplomação, ainda que outras medidas de impugnação ocorressem, como na eleição de Dilma, sem influência na diplomação.

## 9. Bloco 6 da Esplanada dos Ministérios

Parece prosaica a menção aos ocupantes de um prédio público em Brasília, exceto aos palácios do Planalto e Alvorada, mas esse tem significado especial para o mundo jurídico porque, afora o prédio do STF, desde a inauguração, o cenário jurídico estava instalado nesse bloco, ao lado da Catedral - Bloco 6, antigo Ministério da Indústria e Comércio.

O TSE esteve ali até 1971, quando adquiriu sede própria, agora ocupada pelo TRF, porque o TSE está em outra nova sede desde 2010.

O TFR esteve no Bloco 6 até 1969, quando se transferiu para sede própria, hoje ocupada pelo TRF/1ª.

Toda a justiça do Distrito Federal (desembargadores, juízes, varas) atuava no Bloco 6 até 1969, depois, em sede própria na Praça do Buriti.

Toda a Procuradoria-Geral da República - PGR (procurador-geral da República e procuradores da República) militava no Bloco 6 até 1980, quando teve sede na Avenida L2, antes de passar à atual, projetada por Oscar Niemeyer.

A Ordem dos Advogados do Brasil do Distrito Federal (OAB/DF) teve sua sede no Bloco 6 até 1980, quando foi para sua sede na Asa Norte, Av. W3, Quadra 516, mas antes passou pelo anexo do Tribunal de Justiça, na Praça do Buriti.

Justifica-se um capítulo da vida judiciária e jurídica num prédio só. Nenhum outro teve essa guarida.

Qual é a imagem profissional no Bloco 6? Era uma grande confraria, talvez 90% do atuante mundo jurídico de Brasília (advogados, juízes e Ministério Público) encontravam-se diariamente nesse prédio, mais solidariedade, se não uma irmandade, com todas as necessidades da vida jurídica.

Brasília não teve livraria jurídica até 1967, quando foi aberta a Brasília Jurídica (Francisco – Conjunto Venâncio), ao contrário do Rio de Janeiro e de São Paulo, com muitas livrarias jurídicas. Qualquer livro jurídico chegava pelo correio.

## 10. OAB. Instituto dos Advogados Brasileiros. O IADF. OAB/DF

Em 1843, os mais expressivos advogados do Rio de Janeiro (eram poucos) resolveram criar o Instituto dos Advogados Brasileiros (IAB) com a missão de estudar e aperfeiçoar o direito brasileiro numa época em que os únicos textos legais expressivos eram a Constituição de 1824 e o Código Criminal de 1832. Não existia Código Civil. Ao fundo, por inspiração francesa, pensou-se na criação da Ordem dos Advogados do Brasil (OAB), incentivada por determinação governamental em 1880, mas efetivada somente em 1930.

O IAB teve na sua presidência, no Império, Teixeira de Freitas e, na República, Rui Barbosa. A instituição nunca esteve alheia aos grandes debates jurídicos e até nos momentos políticos.

Em 1930, foi criada a OAB, oriunda da grande confraria do IAB, sempre irmanados. Nos estados foram criados institutos, sendo relevantes Bahia (1897), Pernambuco (1851), Minas Gerais (1915), Rio Grande do Sul (1926), São Paulo (1874) e Paraná (1917).

Em 1970, o Distrito Federal tinha cerca de 800 inscritos na OAB. Por diligência do então presidente da OAB/DF, Antonio Carlos Osório, foi decidida a criação do Instituto dos Advogados do Distrito Federal (IADF). Osório nomeou uma comissão para sua estruturação, composta por Carlos Fernando Mathias de Souza, Carlos Robichez Penna, Luiz Carlos Bettiol e Roberto Rosas. Fixou-se o número de 60 membros, distribuídos por categorias de especialidades (contencioso, público, trabalhista etc.). No dia 2 de julho de 1970, foi feita a primeira reunião com os escolhidos e deliberada a data de fundação - 11 de agosto de 1970 - e eleição do presidente, o Professor José Pereira Lira.

Ao tempo da Lei nº 4.215 (Estatuto da OAB), o instituto elegia seis conselheiros para a OAB/DF a juntar-se aos 18 conselheiros eleitos pela classe. Tal destinação foi abolida com a Lei nº 8.906. A primeira eleição pelo IADF (1970) escolheu Arlindo Leoni de Souza, Celio Silva, Hugo Gueiros Bernardes, Luiz Carlos Bettiol, Sergio Gonzaga Dutra e Roberto Rosas.

É importante assinalar a declaração de utilidade pública do IADF pelo Decreto Federal nº 69.056, de 11.8.1971. Em 1971, foi editado o primeiro número da *Revista IADF*. Em 2019, havia 14 associados fundadores ainda vivos.

Em 1964, deflagrado o movimento militar, o Conselho Federal apoiou esse passo nacional, mas, com o tempo, arrependeu-se e enfrentou o movimento. Muitos advogados sofreram punições (prisões, cassação de direitos políticos), e a OAB adotou posição crítica. Daí em diante, total vigilância sobre ela, como revelou matéria da revista *Veja* (8.5.2019) sobre o monitoramento da OAB e de conselheiros (NAPOLITANO, 2014).

Nunca houve ostensiva pressão a conselheiros e dirigentes da OAB nem atitude repressiva. Certamente, o funcionamento do Poder Legislativo (federal e estadual) era a marca da existência de liberdade, e não de opressão, e o mesmo se diga da OAB para o mundo do direito de defesa, para a ampla atuação dos advogados.

A OAB/DF sofreu dura intervenção militar física com a invasão da sua sede durante a administração de Maurício Corrêa (1979/1987), em 1985. Foi ato lamentável, e o próprio Maurício foi submetido a um inquérito policial militar para enquadrá-lo na Lei de Segurança Nacional. Perdido no tempo, Maurício foi eleito senador pelo Distrito Federal (1986) e, depois Ministro da Justiça e Ministro do STF.

Antes da criação da OAB, em 1930, não havia o sistema de inscrição e o número equivalente para o exercício da advocacia. Nessa instituição, criaram-se o Conselho Federal e as seções estaduais e, posteriormente, as subseções locais.

O Conselho Federal é composto pelas representações (três conselheiros) dos estados e do Distrito Federal, em número de 27, além dos chamados conselheiros natos – os ex-presidentes –, que têm voz mas não voto, exceto ex-presidentes anteriores a 1994 (Estatuto da OAB). O plenário é composto de 81 conselheiros, além dos conselheiros honorários vitalícios (ex-presidentes).

Veja-se, num colegiado com mais de 81 participantes de atuação, fala e produtividade, que se vê bem nas câmaras (com 27 conselheiros).

A OAB vive sempre num grande dilema – de ser autarquia (dita singular) – porque não subordinada a outro órgão superior. Tem imunidade tributária, foro especial da justiça federal, usa o símbolo da União, mas fica longe do controle do Tribunal de Contas da União (TCU) ou do Ministério Público (MP). É um dilema complicado.

As eleições para presidente do Conselho Federal da OAB sempre foram acirradas e disputadas. Mário Sérgio Duarte Garcia disputou com consagrado professor do Paraná e ganhou por um voto. Raimundo Faoro disputou com Josaphat Marinho, grande figura, duas vezes senador, consagrado professor da Bahia, vigoroso parlamentar durante o regime militar. Faoro, então, não era tão conhecido, depois consagrou-se e ganhou a eleição. Abra-se um atalho para um período de colaboração da OAB para a abertura do regime, quando o presidente da República conversou com Faoro, e a entidade mostrou sua preocupação com o Estado democrático de direito. Ernando Uchoa Lima (Ceará) ganhou por um voto a disputa com Sérgio Zveiter (Rio). Na sucessão de Reginaldo Oscar de Castro, outro embate, entre Rubens Approbato (São Paulo) e Urbano Vitalino (Pernambuco) – ganhou o primeiro.

Isso mostra a força política da instituição, com mais de um milhão de inscritos, mas não significa força na atuação porque seus dirigentes se preocupam com fatos políticos, ainda que relevantes, mas fogem aos interesses da classe, e esta pensa no seu diário, no seu trabalho e na proteção a ser dada pela corporação.

Outra missão relevante do Conselho Federal é a elaboração das listas sêxtuplas para diversos tribunais (STJ, TST, TRF, TRT - mais de um Estado). Tem havido aprimoramento a partir do cumprimento dos requisitos (tempo de advocacia, comprovação de atividade) e arguição no dia da escolha por uma comissão, quando são expostas as respostas dos candidatos. O tempo escasso dessa arguição nem sempre atinge os objetivos porque, muitas vezes, há cerca de 20 ou mais candidatos. Fica, assim, muito forte o exame do currículo do candidato.

O Conselho Federal chegou a Brasília e instalou-se na OAB/DF (Av. W3 Norte, Quadra 516). Depois, ganhou casa, na Avenida L2, num prédio chamado OK. Construiu novo prédio, atual sede (2020), na gestão de Reginaldo Oscar de Castro.

## 11. Curso de Direito em Brasília. A Universidade de Brasília. Pós-graduação

Instalada a capital em 1960, juntamente com os poderes, a cidade padecia de uma estrutura educacional universitária, ainda que bem-dotada do primário e do secundário, sob a inspiração do educador Anísio Teixeira.

O Presidente Juscelino temia a criação de uma universidade em Brasília porque havia a síndrome da rebelião estudantil permanente no Rio de Janeiro, mas foi convencido por um forte argumento: Jefferson, grande figura americana, até presidente dos Estados Unidos, mandou inscrever em seu túmulo que fundou a Universidade da Virgínia, só.

Em 15 de dezembro de 1961, foi sancionada a lei de criação da Universidade de Brasília (UnB), e o mais destacado curso – Direito –, instalado no *campus* da Asa Norte, teve início em 21 de abril de 1962. A primeira turma se formou em 1966, sendo patrono Ribeiro da Costa, então presidente do STF, e paraninfo Victor Nunes Leal, ministro do STF e professor de Ciência Política da UnB. Este teve papel importante como chefe da organização inicial do curso. Assim, foi lançada a semente de uma formação jurídica na capital do país. Ainda, o pioneirismo da UnB no curso de pós-graduação em Direito, então precário em todo o Brasil. Em 1975, foi criado o Curso de Mestrado, no segmento Direito e Estado, ali professado por nomes pioneiros: José Carlos Moreira Alves, Josaphat Marinho, Mozart Victor Russomano, João Leitão de Abreu, Roberto Lyra Filho, Vamireh Chacon, José Francisco Rezek, Gilda Russomano, José Pereira Lira, Luiz Vicente Cernicchiaro e Roberto Rosas.

Ainda em nota, o pioneirismo da UnB na edição da revista *Notícia do Direito Brasileiro*, mencionada por René David, professor francês de Direito Comparado e autor da obra *Os Grandes Sistemas de Direito Contemporâneo*.

A estrutura curricular jurídica na UnB foi pioneira e moderna. Destacaram-se as cadeiras de Teorias Gerais (processo, penal, civil etc.) e a cadeira de Análise de Jurisprudência (civil, penal) para engajar o estudante no mundo real, da verdade na aplicação do direito.

Em época próxima, fundaram-se os cursos de Direito do Centro Universitário de Brasília (UniCEUB) e do Centro Universitário do Distrito Federal (UDF). Em 2019, o Distrito Federal tinha 35 cursos.

## 12. Os cursos jurídicos. O Exame da Ordem

A crise na formação do jurista e na ciência do direito decorre da perda de espaço do mundo jurídico brasileiro a partir de 1964. As causas são múltiplas. Vão desde a multiplicação das escolas de Direito e a proliferação de maus cursos, até a pressão extrínseca determinada pela conjuntura política advinda após 1964, com o movimento militar. O mundo jurídico foi superado pelo mundo do tecnocrata e do economista, na busca de fins, sem os meios, e na procura de resultados imediatos sem apego a fórmulas e formas. Isso redundou na inconveniência da atuação do jurista, do homem de direito, alijado das grandes soluções, das questões do Estado. Portanto, a crise no ensino jurídico tem outras razões, mas dentre elas estão as duas apontadas.

O desenvolvimento do mundo das ciências sociais não foi acompanhado pelo ensino jurídico. Delas apartou-se, distanciando-se da sociologia e da economia, ainda num processo tradicional, dos cursos de antanho que desconheceram as ciências sociais, por isso isolaram o curso jurídico. Não basta um semestre de Economia ou Sociologia no ciclo básico. É necessário inserir o ensino jurídico no âmbito científico das ciências sociais, porque de direito ele já está, de fato não.

Em consequência, os programas do curso jurídico estão afastados da realidade brasileira. Extensos e prolixos, não indicam os grandes temas das disciplinas e são elaborados ao gosto e à estética do professor, que procura mostrar grande empenho horizontal no programa, em vez de selecionar as grandes questões e aprofundá-las, ainda que dê informações gerais de todos os assuntos.

Os métodos de ensino não podem ser muito diferentes dos tradicionais, tais as peculiaridades do ensino jurídico. Entretanto, é indiscutível exigir-se mais da participação do aluno, mero ouvinte ou espectador, sem analisar as questões fundamentais dos programas e o interesse dessas questões na sociedade e na profissão. Como os métodos são tradicionais, acentua-se a distância entre aluno e professor.

A OAB deve exercer papel decisivo nos cursos jurídicos ao punir aqueles que, já inscritos, pratiquem erros ou desvios profissionais e éticos. Raros são os casos de sanção da OAB ao mau profissional, que se forma mal e prossegue na profissão, porque a OAB se omite. A avaliação externa dos cursos tem aspectos delicados e somente poderá ser feita quando a OAB punir o mau profissional.

É necessário expandir a consciência do papel dos cursos jurídicos para a formação do administrador, do político, do homem de Estado. Mas isso não fica na retórica, e, sim, na atuação de todos os homens do direito, especialmente da OAB.

Com a proclamação da independência política do Brasil, em 1822, novos rumos surgiram com a cultura brasileira, com a formação profissional e os consequentes desligamentos de seus laços com Portugal. Toda a formação universitária dos juristas, no Brasil, era obtida em Coimbra, Portugal, e, consequentemente, a vida jurídica e, em particular, a advocacia eram exercidas por profissionais formados por Coimbra. Como expressou Joaquim Nabuco em seu clássico *Um estadista do império*, as faculdades de Direito eram antessalas das câmaras. Assim, os intérpretes do Brasil, no século XIX, eram os juristas, não os sociólogos ou economistas (Joaquim Falcão – Gilberto Freyre, em *Brasileiros*, 2020, p. 130).

Em 1827, foram criados os cursos jurídicos no Brasil. Instalados em 1828, romperam-se aqueles laços culturais com a antiga metrópole, Portugal. O Brasil passava a criar um ambiente profissional jurídico, e seus integrantes estavam imbuídos das ideias e dos problemas que a nova nação brasileira enfrentava. Com o novo ambiente cultural, em 1832, a primeira turma concluía o curso jurídico na Academia de Olinda, com 41 integrantes.

Pensou-se imediatamente na estruturação profissional da advocacia. Pretendia-se implantar a Ordem dos Advogados, com inspiração francesa, ou a Associação dos Advogados de Lisboa, fundada em 1838.

Em 1842, pioneiros entenderam criar a entidade brasileira numa união das instituições da França e de Portugal, se bem que houve sugestão de não se implantar a Ordem dos Advogados, pois o Brasil ainda era uma jovem nação. Necessário, portanto, criar um núcleo precursor, de onde nasceria a Ordem dos Advogados. Então, finalmente, em 1843, foi criado o Instituto da Ordem dos Advogados

Brasileiros, assim existindo até 18 de novembro de 1930, quando foi criada a Ordem dos Advogados do Brasil (OAB).

A criação da OAB ocorreu de forma inusitada, isso é, não houve um projeto de lei exclusivo dedicado ao tema. Na reforma da justiça do Distrito Federal, em sua reorganização, foi introduzido dispositivo nada consentâneo com o tema, isto é, a organização da justiça, e assim nasceu a OAB no Decreto nº 1.948, de 18 de novembro de 1930: "Fica criada a Ordem dos Advogados Brasileiros, órgão de disciplina e seleção da classe dos advogados, que se regerá pelos estatutos que forem votados pelo Instituto dos Advogados Brasileiros, com a colaboração dos Institutos dos Estados, e aprovados pelo Governo" (art. 17).

Diante do exercício diário, os advogados, já agora organizados no seu órgão de classe, resolveram dar nova estruturação, que veio com a Lei nº 4.215, de 27 de abril de 1963, que dispôs sobre o Estatuto da Ordem dos Advogados do Brasil e regulamentou o exercício da profissão do advogado, hoje substituída pela Lei nº 8.906, incluído o Código de Ética Profissional, desde 1934.

A OAB é o órgão de seleção, disciplina e defesa da classe dos advogados em todo o Brasil. Tem personalidade jurídica, com características próprias, sob a forma de autarquia especial, não se subordinando a nenhum órgão ou setor governamental. Seus dirigentes são escolhidos por meio de eleição, pelos próprios advogados, por dois anos.

Na Lei de 11 de agosto de 1827, apenas se exigia a aprovação em certas disciplinas (hoje, de segundo grau) e nada mais para o ingresso no curso jurídico. Para o exercício da profissão, se exigia o diploma universitário, inclusive, já no Decreto nº 22478/33, que estruturou a OAB. Somente na Lei nº 4.215/63, se exigiu, além da formação acadêmica, o Exame da Ordem (art. 48, III), que foi alternado com a comprovação do estágio profissional (Lei nº 5.842/72). Colocou-se, definitivamente, no Provimento do Conselho Federal nº 74/92 a obrigatoriedade do Exame da Ordem para aqueles que não realizassem o estágio profissional e, finalmente, a Lei nº 8.906 (art.

8º, § 1º) instituiu unicamente (excluindo o estágio) para o ingresso na OAB, hoje consolidado nos Provimentos nº 81/96 e 156/2013 do Conselho Federal.

Perguntar-se-á da sua necessidade, utilidade e até constitucionalidade.

Vemos, nesse caminho legislativo, que saímos de 1827 com total liberdade de ingresso na faculdade de Direito e, hoje, a imensa disputa pelas vagas nesses cursos, com renhido vestibular, mais de mil cursos jurídicos existentes no país, com mais de um milhão inscritos na OAB (2020).

O curso jurídico não tem como finalidade a formação de advogados. Também forma, mas ao lado de magistrados, membros do Ministério Público, procuradores e até diletantes ávidos do conhecimento jurídico para suas atividades particulares (servidores públicos, empresários, outros profissionais liberais etc.). Portanto, não há uma metodologia para a formação do advogado, e a escola se obriga a fornecer conhecimentos genéricos para que haja a opção da futura carreira. É claro que sempre se exige a formação inicial de advogado para os concursos de ingresso, mas isso não invalida a generalidade para que o interessado num segmento possa aprimorar a forma de seu ingresso. Tal fato preocupa a OAB, como há preocupação na seleção dos juízes. Como observa Calamandrei, p. 29: "[...] que o poder mal exercido pode passar por justa a injustiça, constranger a majestade da lei a mudar-se em campeão do mal.

Então, por que o concurso para juiz, membro do Ministério Público, procurador? Por que não selecionar pelos currículos? É a preocupação do Estado, levando em conta que, no Brasil e no mundo, a escola de Direito não prepara unicamente esses profissionais, e exemplifica-se com o famoso exame procedido pela American Bar Association (ABA) dos Estados Unidos para o ingresso em seus quadros como advogado.

Argumenta-se com a liberdade no exercício de qualquer profissão (art. 5º, XIII, CF/88). Ora, o próprio dispositivo impõe a redução de sua eficácia, atendendo às qualificações profissionais que a lei estabelecer. Dir-se-á que a norma se dirige à formação acadêmica, então bastaria o diploma para o exercício. Não, qualificação profissional como cabedal de conhecimentos habilitadores do desempenho da profissão. Tal regra já estava na Constituição de 1967, que expressava, em seu art. 153, § 23: "É livre o exercício de qualquer trabalho, ofício ou profissão, observadas as condições de capacidade que a lei estabelecer". Acentuou o insigne Pontes de Miranda para esse texto: "Sempre que a profissão liberal, para que o público seja bem servido e o interesse coletivo satisfeito, requeira habilitação, não constitui violação a legislação que estabeleça o mínimo de conhecimentos necessários". Reforça a possibilidade da exigência de requisitos para o ingresso na OAB (profissão) a competência legislativa exclusiva da União para condições para o exercício das profissões (art. 22, XVI, CF/88).

Em decisão do STF, a Corte entendeu a constitucionalidade da proibição fixada na Lei nº 8.906 a certas atividades (no caso, servidor judicial), não vendo choque com a liberdade de profissão (relator o Ministro Carlos Mário Velloso). Essa não pode ser obstada por outros motivos senão de capacidade, qualificação, conhecimento específico para o exercício da advocacia. A escola jurídica forma bacharéis, e não advogados. Acentue-se que, na origem dos direitos das profissões liberais, nunca se apontou o obstáculo do exame para ingresso na OAB (ou assemelhada - Ordre des Advocats - França) (Savatier - Archives de Philosophie du Droit, 1953/54 - p. 45).

Vamos tirar consequências dessa diretriz legal.

As escolas devem pensar em dois tipos de estudantes (diante do futuro): aquele que vai se inscrever na OAB e aquele que não vai. Diante disso, adotará, ao lado da metodologia geral (tradicional), também essas duas vertentes. A OAB gostaria de invocar a Lei de 1827 e abrir suas portas a todos os bacharéis. Não pode fazê-lo porque a Constituição não permite, ao dizer da presença indispensável do advogado na administração da justiça (art. 133). Pressupõe, assim, a responsabilidade da OAB na seleção dos colaboradores da justiça. Pode fazê-lo, porque a lei assim entende, e a Constituição admite que a lei imponha requisitos para o exercício profissional. E a OAB fará com parcimônia e respeito aos futuros colegas e com a visão de que o jovem, o iniciante, deve ter conteúdos mínimos, e não a experiência de 20 ou 30 anos de profissão. Por isso, aboliu o exame oral, propiciador de desigualdades ou inadequada verificação. Afinal, todos aqueles que estão na OAB também tiveram seus inícios e suas dificuldades.

As escolas modificarão seus programas e, principalmente, na primeira vertente, atenderão ao programa anexo aos Provimentos nº 81/96 (156/2013) do Conselho Federal e à exaustão darão profundidade a ele.

Há necessidade de mudança, pensando com Jean Carbonnier (1996, p. 10): "não somente o direito muda, mas deve mudar, mudar para se adaptar".

O Exame da Ordem é importante para as faculdades de Direito e para os bacharéis em Direito. As faculdades mostrarão aos alunos a necessidade do aprimoramento de seus estudos. Não basta a passagem rápida pelos bancos escolares. Ao aluno admitido na OAB pelo Exame de Ordem é dado o atestado de qualificação profissional, ao contrário do tempo do ingresso sem barreiras (BUENO FILHO, 2020).

Acrescente-se aos relevantes papéis da OAB, trazidos ou afirmados pela Constituição de 1988, a participação nos concursos para ingresso na magistratura e no Ministério Público. A legitimidade para a propositura da ação direta de inconstitucionalidade (ADI) entendida sem as travas da chamada pertinência temática, isto é, pela atuação idêntica aos partidos políticos, e não o autor provar sua relação com o tema em discussão.

## 13. Concursos no mundo jurídico

A formação da grande estrutura jurídica parte da boa aquisição de valores e protagonistas dessa estrutura – magistratura, Ministério Público e magistério jurídico.

A magistratura tem adotado o concurso público de provas e títulos para a admissão, exceto em 1966, quando a nova instalação da justiça federal permitiu o ingresso dos juízes federais sem concurso. O concurso foi adotado a partir de 1974, numa das mais difíceis competições, diante da enorme abrangência de matérias e temas. Esse recrutamento tem excelentes resultados com notável recrutamento, mas o excesso de trabalho mata essa qualidade.

Na mesma linha, o Ministério Público (União ou Estado) segue o concurso e, com isso, obtém grandes quadros. O primeiro concurso para o Ministério Público do Rio de Janeiro foi em 1936.

No magistério jurídico, o concurso foi uma etapa notável na revelação de grandes nomes. Infelizmente, há grande desprezo por essa forma de recrutamento. Um professor universitário leva anos de aprendizado e amadurecimento.

Nossa linha de exame adotava a linha coimbrã, estilo da Universidade de Coimbra, em que o examinador atacava violentamente o candidato, duro e severo.

No século XIX, na Faculdade de Direito do Recife, houve o famoso concurso de Tobias Barreto, com a célebre frase desse jurisfilósofo – "a metafísica morreu, e o professor arguidor respondeu: só se o senhor a matou!".

Muitas vezes, o melhor, mais forte e mais cotado não era o escolhido, como ocorreu com o grande Francisco Campos, em Belo Horizonte, porque, na prova de aula, estourou o tempo e não conseguiu concluir a exposição do tema.

Na Faculdade Nacional de Direito, vários prélios foram emocionantes, mas um se destacou após o término. Houve concurso para catedrático de Processo Civil, e venceu Pedro Lins Palmeira, originário da Faculdade de Direito do Recife; em segundo lugar, Guilherme Estelita, professor da Faculdade Nacional, desembargador do Tribunal de Justiça (DF). Passados seis meses, aposentou-se outro catedrático, e o Professor Estelita requereu a nomeação, porque o prazo de validade do concurso era de dois anos. O Presidente Juscelino baixou decreto de nomeação. Os alunos fizeram enorme barulho no pressuposto da nomeação sem concurso. Com esse movimento, Juscelino revogou o decreto de nomeação, mas Estelita impetrou mandado de segurança no STF contra esse ato presidencial, e o STF concedeu. Agora, a posse e a entrada em exercício. O barulho estudantil continuou, e a posse se deu no gabinete do ministro da Educação porque os estudantes continuaram no barulho até na porta do ministério. Veio a entrada em exercício, dar aula. Nesse dia, os alunos colocaram uma escada na janela da faculdade – "Estelita vai entrar pela janela, sem concurso". O reitor, Professor Pedro Calmon, viu a cena e, desmoralizando a atitude estudantil, subiu pela escada e verberou: "eu fiz concurso". Estelita, enfim, entrou, e foi um grande e acatado professor de Processo Civil.

Nem sempre as assunções nas cátedras foram calmas e pacíficas.

Os grandes mestres Miguel Reale (SP) e Hélio Tornaghi (Rio) foram nomeados, respectivamente, por decisão do então Conselho Nacional de Educação e em mandado de segurança. No concurso para Direito Romano, na Universidade de São Paulo (USP), disputado por José Carlos Moreira Alves, a vitória foi dada a Alexandre Corrêa Filho, mas o resultado foi amplamente discutido na congregação daquela faculdade, no conselho universitário e na justiça paulista, vindo até o Supremo Tribunal, com a sustentação oral pelos dois candidatos. José Carlos Moreira Alves perdeu, mas depois foi alçado ao STF, onde ficou por 27 anos. Grande figura, grande ministro, excepcional cultura e grande debatedor (TOLEDO, 1998).

Hermes Lima, com 34 anos (1933), disputou a cátedra de Introdução à Ciência do Direito, na Faculdade Nacional de Direito, com grandes nomes, dentre eles Alceu Amoroso Lima (Tristão de Atayde) e Pedro Batista Martins (autor do CPC/1939). Hermes Lima foi consagrado como o mais jovem, com uma tese de 34 páginas: *Material para um conceito de Direito*. Anteriormente, em 1927, com 23 anos, passando por São Paulo, concorreu à cátedra de Direito Constitucional, vencedor Antonio de Sampaio Doria. Hermes chegara direto da Bahia (LIMA).

A pós-graduação universitária na área jurídica tem dado grande contribuição com dissertações e teses transformadas em grandes livros de doutrina.

## 14. Carreira da magistratura

No Império, a magistratura teve papel importante e era destinada à aristocracia e aos líderes políticos, por si ou seus aliados.

Egressos da Faculdade de Direito (Olinda/Recife/São Paulo), iam para a promotoria ou para o juízo municipal como caminho para a política. Sobre esse tempo e importância, José Murilo de Carvalho, em *A construção da ordem – Teatro de sombras*, bem descreve essa época, ao identificar, em 1888, quatrocentos atos governamentais de movimentação da magistratura. A carreira judiciária levava à política.

Com a chegada de Dom João, em 1807, foram criados a Casa da Suplicação e o Desembargo do Paço, além dos juízes de paz (1828). Houve tentativa de justiça eletiva, como nos Estados Unidos, porém, hoje e àquela época, não vingaram a indicação e a nomeação diretas, que estavam mais ao sabor do mandonismo político. Em 1841, foi instalado o juizado de paz. Em 1889, eram 11 desembargadores em capitais provinciais e 1.576 promotores e juízes nas 20 províncias imperiais.

A confusão entre política e magistratura contaminava ambas, porque não se sabia até onde cada uma militava. Em 1871, uma reforma judicial afastou o juiz de outras atividades. No período colonial, a influência governamental sobre a magistratura era muito forte. Mais adiante, este intérprete observará a mudança na conduta dos juízes a partir do Código Criminal de 1832, em superação do poder geral (VIANA).

A força política local distanciava-se do poder central, e o governo imperial não chegava aos municípios e às províncias. A criação da magistratura local (de estado), não vinculada ao poder local e, sim, ao poder imperial, foi a grande solução para essa distância.

A magistratura tornou-se forte, independente e evoluída a partir do concurso público. Houve exceção em 1965, com o restabelecimento da justiça federal e a admissão dos juízes sem concurso. A sorte foi forte, porque a maior parte dos nomeados era de homens experientes, probos e de grande qualidade que ascenderam ao antigo TFR e ao Supremo Tribunal.

No Império, a magistratura era a atividade mais estruturada. Formados em Coimbra, em geral, descendiam de ramos da nobreza, por isso começavam na magistratura, mas estavam a caminho da política, e uma vaga de deputado era sempre almejada por esses importantes quadros. Assim, magistratura e carreira política misturavam-se, e ambas eram exercidas concomitantemente. A discussão contrária a essa atitude sempre foi acirrada até a Reforma Judiciária de 1871, que pretendeu a exclusividade da atividade da magistratura (CARVALHO; COELHO).

O Brasil era essencialmente rural, por isso pouca influência de grupos, apenas juiz, padre e polícia resolviam todos os conflitos, a seu modo e no seu espaço. As faculdades de Olinda e de São Paulo formaram a elite política e os senhores de Estado, mas não tinham interesse na advocacia profissional; tinham mentalidade legiferante.

A população evoluiu do comerciante, como autoridades fixas e permanentes com o juiz, e até o juiz letrado, que vinha de fora (PRADO JR). Sobre a estrutura judiciária, ver Prado Júnior. Sobre ascensão do bacharel, ver Gilberto Freyre.

No meio dessa formação, discutiu-se longamente sobre a necessidade do diploma para atividade de advogado, e, em consequência, esses chegariam à magistratura. A Constituição do Império (1824) dava liberdade para o exercício profissional, então o Império tinha os advogados entre solicitadores, provisionados e rábulas. A Constituição de 1891 (art. 72, § 24) continuava com a liberdade profissional, sem diploma ou qualquer autorização. Em 1894, o Instituto dos Advogados Brasileiros pregava a necessidade do diploma, sem vencer, ao contrário, a Lei de Interpretação nº 24 (16.7.1891), que reforçava a não obtenção ou exibição do diploma. No meio desse debate, a grande influência do positivismo, ardente defensor da liberdade profissional.

Tudo isso possibilitava a desnecessidade da exigência de maiores titulações para o exercício da magistratura, ainda que sempre entendida como carreira de Estado.

Com o tempo, a exigência do concurso para ingresso na magistratura passou a influenciar a exigência do diploma e do exercício da advocacia. Portanto, a regra concursal se inseriu no acesso à magistratura. Assim colocado, exigem-se no concurso de títulos e provas conhecimentos específicos e gerais para o exercício.

O sistema concursal é exigente, mas não é perfeito, porque muitas vezes teórico, e não prático, continuamos com o mesmo dilema de Joaquim Nabuco: nomeado como juiz na cidade do Cabo, Pernambuco, recebeu uma carta precatória e não soube despachar – nunca vira tal palavra na faculdade (NABUCO).

Acredito na necessidade premente de uma nova formatação de ingresso na magistratura, numa linha já pensada pelo saudoso Sálvio de Figueiredo Teixeira. Mas avanço: além do projeto de Sálvio, não bastam algumas aulas durante seis meses; entendo possível a adoção do sistema da carreira militar (Exército) e diplomática (Instituto Rio Branco), com exame de admissão à escola judicial, e lá, por dois anos, o pretendente cursará matérias gerais (não disciplinas jurídicas, isso ele mostrou no exame de admissão), e, sim, noções de Economia, Ciência Política, Sociologia, Filosofia do Direito, contato com juízes veteranos, aulas com magistrados aposentados e experientes etc.). Nessa etapa, o pretendente será remunerado e, ao fim do curso, será juiz (não substituto).

Importante avanço na carreira da magistratura surgiu com o art. 96, I, *c*, da Constituição Federal: "prover, na forma prevista nesta Constituição, os cargos de juiz de carreira da respectiva jurisdição", o que significa que o presidente do Tribunal de Justiça efetua a nomeação dos iniciantes (juízes substitutos) como promove o juiz a desembargador, diante da lista tríplice elaborada pelo tribunal.

Acabou o beija-mão do magistrado ao chefe do Executivo (governador) para ser nomeado para a comarca, para a transferência da comarca e para a promoção a desembargador, cabendo apenas ao governador escolher na lista do quinto (advogado ou Ministério Público).

Parece elementar essa observação. O grande José Frederico Marques era juiz de carreira, e o interventor em São Paulo, Ademar de Barros, foi à comarca onde José Frederico era juiz (Jacareí, 1945) e pediu a presença dele num comício. O grande mestre, então na judicatura, recusou e custou-lhe muito sair daquela comarca. Essa mentalidade estava arraigada desde o Império, quando os desembargadores eram nomeados pelo imperador.

Não há nenhum constrangimento sobre o chamado controle externo, chegado com o Conselho Nacional de Justiça (CNJ). Este tem grande papel de normatização de atividades, procedimentos, disciplina, mais didático e pedagógico que punitivo.

## 15. Grandes figuras do direito

É muito difícil fazer o rol dos grandes juristas, dentre eles doutrinadores, advogados ou magistrados. Miguel Reale teve o privilégio de sintetizar os doutrinadores em pequeno e valioso escrito, a quem remetemos sobre os doutrinadores nos diversos ramos do direito brasileiro.

Aqui elevo nome de advogados, destacados nas mais diversas especialidades, mas, no nosso tempo, Sobral Pinto apresentou-se na defesa das liberdades, da democracia. Heleno Cláudio Fragoso foi essencialmente criminalista, como Evandro Lins e Silva.

Evoco grandes doutrinadores, com obra publicada, e fazedores de escola.

### *a) Pontes de Miranda foi um dos maiores juristas brasileiros*

A história dos cursos jurídicos passa por Olinda e Recife, datados de 1827, depois surgiram a Faculdade Livre da Bahia e duas faculdades no Rio de Janeiro em 1891. A Faculdade de Minas Gerais, instalada em Ouro Preto, data de 1892; em 1900, a de Porto Alegre; em 1901, a de Belém; e, em 1903, a do Ceará. Aqui se reuniram mestres forjados em Recife, como atesta o grande cearense Clóvis Beviláqua.

A vertente alagoana na nossa vida foi Pontes de Miranda. Pontes entrou conosco na Faculdade de Direito. Assim digo porque ele sempre foi uma legenda no Rio de Janeiro e, em especial, em minha Faculdade Nacional de Direito, onde fora entronizado como professor *honoris causa*.

Machado Neto, ao escrever sobre a história das ideias jurídicas no Brasil, contemplava Pontes de Miranda, em 1969, como o maior jurista do século XX. E aí faz uma análise pontiana da necessidade de um conhecimento universal para a ciência jurídica, afirmando, em 1924, que todas as portas das escolas de Direito deveriam ter um inscrito: "Aqui não entrará quem não for sociólogo, e o sociólogo supõe o matemático, o físico, o biólogo (MIRANDA, p. 20).

Pontes de Miranda, em seu primeiro livro À margem do direito, salientava:

> [...] há um aspecto sociólogo, entre psicólogo, na vida jurídica; ou melhormente, como por vezes tenho dito, que, como a linguagem, cuja ciência se divide em fisiologia, psicologia e história (sociologia), também se lhe deve descobrir, ao direito, os mesmos aspectos que as relações com a estrutura, com a função e com os fatos psíquicos lhe determinam e entretecem. (MIRANDA, p. 37)

Pontes de Miranda não deve ser lembrado somente por seu monumental *Tratado de Direito Privado,* em 60 volumes, ou por seu *Código Civil Brasileiro,* escrito em alemão e publicado em Berlim, em 1928, mas também por sinalizações gloriosas no Direito Constitucional a partir dos formidáveis comentários às Constituições desde 1934 até 1969.

A Constituição de 1934 foi rica na fixação dos novos direitos, principalmente dos direitos sociais, ao lado de direitos fundamentais, como herança da Constituição de Weimar, de 1919, e da Constituição espanhola. Voltou à doutrina com a Constituição de 1946, de grande significado político, porque, após o período ditatorial (1937-1945), seguiram-se o fim da Segunda Guerra Mundial e a abertura de novos direitos fundamentais, uma antecipação daquelas gerações de direitos tão bem estudados por Bobbio. De 1946 a 1967, passamos 20 anos sob a mesma Constituição, atropelados pela Revolução de 1964, os atos institucionais e uma série de instrumentos legais repressivos, mas, em 1967, nova Carta Magna, e Pontes de Miranda trouxe fulgurante colaboração, também em 1969, da mesma forma.

Volvemos a 1932, quando Pontes de Miranda editou profundo trabalho intitulado *Os Fundamentos Atuais do Direito Constitucional.* Ali, mostra as transformações advindas com a Revolução Russa de 1917, a Primeira Guerra Mundial, com traço fundamental do novo Estado que deixou de ser a forma político-jurídica vazia de substância, procurando alcançar unidade de fim, unidade concreta, portanto, a política integra em si outros processos sociais de adaptação, principalmente a economia.

E concluía em 1932: o coração do Direito Constitucional de hoje é o direito à subsistência e à educação. Se há trabalho, a ele tem direito o indivíduo e deve trabalhar. E assim encerrava esse livro: "As constituições do século XX que não assegurem, como direito irredutível, o direito à subsistência e à educação serão folhas tênues de papel por sobre os Povos: a primeira lufada as rompe, a primeira crise as reduz a poeira" (MIRANDA).

É importante o desfile de teses constitucionais, sustentadas por Pontes ao longo de sua obra. Vejamos o princípio do federalismo, tão discutido antes, porque mal adaptado ao Brasil, mas ainda rico de discussões, por isso é bom abrirmos essas veredas pontianas, e uso palavras suas.

Desde 1891, pretendeu-se a indissolubilidade entre os estados-membros, antes formadores das províncias imperiais, como forma de indissolubilidade, e esta estava no cerne da unidade nacional.

A chamada distribuição de competências federativas cabe à comunidade supraestatal, e não à vontade isolada. Daí a necessidade da atribuição ao poder central para separar a competência do estado-membro ou do município e até entre eles a competência concorrente. Ao tratar do direito processual na federação, discute a importância de um direito processual estadual, como se admitiu em 1891, ou então a unidade do direito processual a partir de 1934. Mostrou que a Constituição de 1946 deu competência à União para legislar sobre produção e consumo, e Pontes realçou como o mais avançado propósito unificado dessa Constituição.

Pontes de Miranda trouxe grande luz aos debates sobre normas de eficácia plena e de eficácia contida. Assim, a partir de normas programáticas, necessitadas de legislação adequada a sua regulação e impositividade, quanto a regras assaz obscuras e vagas. E explica: quando a regra se basta, por si mesma, para sua incidência, ela é autoexecutável; quando precisa de regras jurídicas de regulamentação, não pode incidir, pois não basta em si e necessita de normas jurídicas que a completem ou suplementem. Nas normas de eficácia contida, trouxe a nomenclatura na distinção entre regular e regulamentar. A Constituição é regulada, e a lei é regulamentada, tanto que a Constituição assinala que a lei dispõe (art. 61, § 2º) e a Constituição será implementada, na norma programática, pela regulação.

Não foi sem tempo que Pontes construiu expressões jurídicas e levantou outras. Hoje se discute sobre o alcance das cláusulas pétreas, derivadas do § 4º do art. 60 da atual Constituição – a impossibilidade de emenda constitucional tendente a abolir, dentre outros, os direitos e as garantias fundamentais. Isso já fora discutido por Pontes de Miranda como norma pétrea, que não admite alteração ou revogação.

Ao mandado de segurança, levantou sua natureza jurídica para assentar o que hoje já está consagrado como ação.

Invocou, ao longo de seus escritos de Direito Constitucional, tema muito atual: a judicialização da política e a politização da justiça. A política, por seu dinamismo, por suas peculiaridades, não se submete a regras jurídicas e legais ortodoxas, porque é fruto do voto, da vontade popular, e não de uma imposição da justiça. Esta não pode estar impregnada da política.

Pontes de Miranda entende a existência de direitos fundamentais absolutos e relativos. Aqueles existem a despeito das leis, como exemplo: liberdade pessoal; os relativos existem segundo a lei (contratos, direito de propriedade etc.). É claro que há crítica a essa distinção, porque Pontes parte da existência de direitos supraestatais.

Pregou o princípio da igualdade, na busca de melhores condições para os economicamente inferiores. E respondia: a desigualdade econômica não é, de modo nenhum, desigualdade de fato, e, sim, a resultante, em parte, de desigualdades econômicas mantidas por leis. E propugnava por uma igualdade maior.

Pregou o combate à desigualdade decorrente do preconceito de raça, exigindo que a lei penal insira regras jurídicas sobre crime de preconceito de raça para que, no plano do Direito Penal, não fiquem sem punição os atos que ofendam a outrem.

Destacou a liberdade de crença da liberdade de consciência, porque não se confundem. Diz: o descrente também tem liberdade de consciência e pode pedir que se tutele juridicamente tal direito, e há liberdade de ter uma crença e a de não ter crença.

Assegurou a liberdade de reunião, esta como agrupamento formado em certo momento com o fim comum de troca de ideias ou manifestações. Segundo Pontes de Miranda, reunião é a aproximação de algumas ou muitas pessoas com o fim de informar-se, de esclarecer-se e de adotar opinião.

Ao tratar do direito de propriedade, lembra que compete às leis regular o exercício e definir o conteúdo e os limites do direito de propriedade.

Aqui está uma passagem rápida da contribuição de Pontes de Miranda para alguns tópicos do Direito Constitucional. Mas a glória ficou ao comentar as Constituições de 1934, de 1937, de 1946, de 1967 e de 1969.

Recebeu a consagração dos maiores juristas de seu tempo e de um dos maiores juristas brasileiros, Miguel Reale, que recebeu Pontes de Miranda na Academia Brasileira de Letras em 1979, ressaltando a obra pontiana. Volvo, na íntegra, a esse discurso de Reale:

> Quem, ao dedicar-se à jurisprudência, desde a década dos vinte, não encontrou em vossos livros manancial inexaurível de doutrina, abrindo caminhos insuspeitados à experiência jurídica ou política de nossa pátria?

Pontes de Miranda escreveu a maior obra jurídica do mundo – o *Tratado de Direito Privado*, em 60 volumes. Repito as palavras do Professor Evaristo de Moraes Filho sobre Pontes: "Este, verdadeiramente genial, a maior capacidade jurídica do Brasil de todos os tempos".

### *b) Orosimbo Nonato foi esplendor doutrinário no Supremo*

O tempo que obscurece o passar da vida, para muitos, é injustiça; para outros, tal a firmeza de sua passagem terrena, não ofusca, apesar dos anos. Assim ocorreu com Orosimbo Nonato. A sua longa vivência no mundo do direito consolidou a sua nomeada, deixando aos pósteros a marca indelével da sua contribuição. Abraçando desde cedo os estudos clássicos, firmou um estilo, chamado por muitos de orosimbiano, tal a personalidade infundida na escrita, respeitada apesar de sua elevação, inacessível ao primeiro contato. A sua cópia não foi permitida, porque alguém que o fizesse cairia no ridículo, mas, em Orosimbo Nonato, o sinete clássico de sua escrita ficou como um padrão de cultura e transmissão de ideias. Esta refletiu-se sensivelmente na cátedra universitária onde formou discípulos do mais alto jaez que vieram depois a enobrecer a vida jurídica brasileira, sem descuidar de outros: o Ministro Gonçalves de Oliveira e o Professor Caio Mário da Silva Pereira.

Na Faculdade de Direito de Minas Gerais, Orosimbo Nonato fez escola de mestre impoluto, entre mestres do mais alto saber, honrado a todos que passaram por seus bancos. Mas essa austera faculdade e o ensino jurídico brasileiro perderam o mestre Orosimbo quando foi convocado para a Consultoria-Geral da República. A ela se dedicou exclusivamente, como fizera com o magistério universitário. Mas rápida foi essa passagem, com o chamamento para o STF. Plantou definitivamente as raízes do grande mestre de direito, não somente na matéria de sua predileção e escolha – Direito Civil –, mas em todas as outras matérias do Direito Privado ao Direito Público. Basta um bosquejo histórico-jurisprudencial do STF para vermos as eruditas discussões mantidas por Orosimbo com outros mestres insignes, na fixação de diretriz jurisprudencial.

Assim foi na renúncia da mulher aos alimentos no desquite amigável, no combate ao tributo exagerado escorchante e aniquilador do contribuinte, até as regras processuais, muitas das quais ficaram no

Regimento Interno da Corte ou não produzidas constantemente por advogados e juízes da Corte. As referências das súmulas dão a medida de sua contribuição. Sobre a validade de concurso e do direito do candidato aprovado (Súmula nº 15); no alcance das cláusulas de inalienabilidade e incomunicabilidade de bens (Súmula nº 49); usucapião como defesa (Súmula nº 237); venda direta do mandante ao mandatário (Súmula nº 165).

Muitas vezes, Orosimbo não conseguiu prevalecer sua opinião, ficando vencido, em questões relevantes, à semelhança dos *dissents* da Suprema Corte americana, pontificado por Oliver Holmes, mas essa dissidência veio a frutificar, e Orosimbo foi o grande propulsor da evolução da responsabilidade civil, do subjetivismo do Código Civil para o objetivismo, autêntica construção pretoriana, em que se sente a influência de Orosimbo Nonato e Filadelfo Azevedo. Ainda nessa seara, Orosimbo lançou bem longe o acolhimento do dano moral, que já encontrara em Pedro Lessa o lançador dessa aceitação, quando propugnava a necessidade jurídica do ressarcimento do dano extraeconômico (R.F. 94/477).

Ao passar por sua presidência, Orosimbo não descansou, brindando-nos com o Curso de Obrigações e os Estudos da Sucessão Testamentária. Este já semeado em sua tese de concurso sobre a liberdade de testar, mas sempre demonstrando a profundidade de seus conhecimentos. Mais recentemente, voltara aos escritos, com fraude contra credores, afora os inúmeros pareceres que ilustraram as lides forenses, sempre trazendo a nota característica do seu exame bibliográfico, sem se descurar da mais recente jurisprudência, principalmente do Supremo Tribunal, que acompanhava diariamente, apesar de seu afastamento há 14 anos, num carinho todo especial e afetuoso com o Supremo Tribunal, sempre atento às suas questões e seus acontecimentos, como defensor intransigente da amplitude da competência da Suprema Corte, inclusive na Comissão do Projeto Constitucional de 1967, quando formou ao lado de insignes juristas – Levi Carneiro, Seabra Fagundes e Temístocles Cavalcanti.

Em *Fraude contra Credores* (1969), vai buscar nos conceitos sobre a fraude o deslindar de questões intrincadas referentes à fraude contra credores e a ação pauliana, fundamente calcado nos autores modernos.

Seu *Curso de Obrigações* (1971) foi enriquecido com o volume referente à extinção das obrigações e as modalidades de pagamento.

Em *Da Coação Como Defeito do Ato Jurídico*, Orosimbo Nonato desenvolve as várias teorias relativas à coação para chegar a consequências como anulabilidade do ato jurídico e todas as questões pertinentes.

Apesar de ter intransigente dedicação aos trabalhos da Corte, negando-se, inclusive, a participar de comissões examinadoras de concursos, Orosimbo não se negou a participar da Comissão do Anteprojeto do Código das Obrigações, juntamente com dois mestres que ilustraram o STF: Filadelfo Azevedo e Hahnemann Guimarães. Esse anteprojeto citado até hoje é peça importante na evolução do direito brasileiro, inesquecível não só por seus elaboradores, mas pela profundidade de suas teses. Rompíamos, então, com o Código Civil de 1916.

Em dia inesquecível, quando Orosimbo Nonato recebeu o Prêmio Teixeira de Freitas, o orador oficial do Instituto dos Advogados Brasileiros, Levi Carneiro, em traçado magnífico, fez o perfil do homenageado para acentuar as atividades marcantes de Orosimbo Nonato: o magistério e a magistratura, ligadas indistintamente à carreira desse grande *scholar*, que deixou seu nome insculpido no mármore impertérrito dos grandes vultos do direito brasileiro. Não haverá, sem dúvida, alguém passando pelo Supremo Tribunal, quer na curul, quer na advocacia, que não sinta essa presença marcante que recheou os repertórios jurisprudenciais com magníficos votos, autênticas monografias, bem como as revistas jurídicas de notáveis escritos e pareceres, a começar por *Aspectos do Modernismo Jurídico e o Elemento Moral na Culpa Objetiva*, conferência que pronunciou no Instituto dos Advogados Brasileiros em 1930, já prenunciando a crise do direito e a necessidade de sua reforma, principalmente, no campo do Direito Privado e, em especial, no contratualismo, tal como no livro de Georges Ripert sobre o declínio do direito.

Nessa conferência sobre os aspectos do modernismo jurídico, Orosimbo Nonato acentuou a relevância do conceitualismo jurídico, assentando que a mentalidade do jurista contemporâneo é dominada e caracterizada pela disputa dos conceitos, que repercutem nas soluções políticas triunfantes. Notava a ampliação das normas de ordem pública e a restrição das prerrogativas individuais, sob o princípio da relatividade do direito e de sua vocação social, notadamente quanto à família, à propriedade e às obrigações e contratos. Tudo isso ratificado por Georges Ripert, em seu livro de 1936: *Lê Régime democratique et le droit civil moderne.*

Dois fatos gravaram o nome de Orosimbo Nonato nos meios jurídicos brasileiros: essa conferência no Instituto dos Advogados e sua participação como examinador do concurso dos professores Filadelfo Azevedo e Hahnemann Guimarães.

A contribuição de Orosimbo Nonato à justiça e ao direito não pode ser demonstrada em rápidas palavras. Ela tem o lugar destacado, que se dá a Pedro Lessa em tempo mais longínquo e agora a Orosimbo Nonato. Mas a justiça é como a beleza na expressão de Baudelaire – infinito que se ama e não se possui inteiramente, nunca. Assim ocorre com as homenagens ao saudoso Orosimbo Nonato. Nunca se fará a justiça necessária a esse inexcedível jurista.

### c) San Tiago Dantas ilustrou uma geração de juristas

As homenagens desmentem Hamlet, de que a saudade de um grande homem não pode sobreviver seis meses à sua morte. Passados anos da partida física de San Tiago Dantas, professores e alunos de Direito da Universidade de Brasília, ao lado de amigos e familiares, entronizaram numa das salas universitárias de Direito, na capital da República, o nome e o retrato do mestre, que, no Rio de Janeiro, na antiga capital brasileira, envolvera seus alunos e ouvintes com as maravilhosas lições não somente de Direito Civil, como de direito em geral. Nasceu predestinado ao magistério jurídico, mas, por onde passou, San Tiago Dantas deixou sulcos inapagáveis pela impressão indelével de seus ensinamentos. Como nos afirmara seu contemporâneo e insigne Professor Hermes Lima, San Tiago foi expoente em todas as suas atividades. Como advogado, exerceu notável influência na vida forense carioca, como um dos mais atuantes causídicos, na defesa de trabalhos magníficos feitos ao correr das necessidades forenses, nem por isso, sem o meticuloso e elaborado estilo. Na administração pública, brilhou no Ministério das Relações Exteriores, na obtenção de objetivos programáticos para a atividade diplomática. No Ministério da Fazenda, excedeu-se na condução da pasta, com o ponto alto de sua ida à Câmara dos Deputados para ser questionado pelos parlamentares. Ali revelou seu extraordinário talento e versatilidade, com o conhecimento da realidade brasileira. Estava na sua mente a atividade política que exercera como deputado federal, ainda que fugaz.

Ao professor ombreou-se o jurista notável não somente pela perspicácia e cultura, mas também pela informação atualizada do direito e da cultura geral que surgira com sua clássica tese de concurso *O Conflito de Vizinhança e sua Composição* e na conferência sobre Rui e o Código Civil, em que San Tiago empreende a defesa de Rui Barbosa em prol de um código mais rico e livre de erros e contradições. Se a obra escrita de San Tiago não foi alentada como a de Pontes de Miranda ou Clóvis Beviláqua, deixou marcas norteadoras para as novas gerações ao longo dos tempos. Talvez, alguém perguntasse como o pintor Degas perguntou ao escritor Mallarmé por que o escritor não escrevia versos, ao que este respondeu: "Não é com ideias que se fazem versos, mas com palavras". As ideias de San Tiago Dantas ficaram no âmbito jurídico, como no seu trabalho sobre igualdade perante a lei. Ali, dá nova roupagem à ideia de Rui sobre a regra da igualdade. O ato legislativo há de ser geral, o que não significa aplicável a todos os cidadãos, mas aplicável a qualquer cidadão que se venha encontrar na situação típica ali considerada. No Direito Contratual, outro trabalho clássico, a multiplicação das formas contratuais provava a vitalidade do princípio da autonomia da vontade, apesar das limitações e regras coercitivas.

A reimpressão editorial de suas aulas na Faculdade Nacional de Direito reavivou os ouvintes ou projetou uma ideia do professor de Direito Civil, o civilista emérito. Divulgou a doutrina italiana, abrindo vistas a Roberto de Ruggiero com suas *Istituzioni di Diritto Civile*, a Francesco Ferrara, no seu *Trattato*, de um só volume. Divulgou o excepcional Augusto Teixeira de Freitas, que, no século passado, construiu os alicerces do Direito Civil brasileiro. Somente os autores estrangeiros eram inacessíveis e somente conhecidos dos eruditos, inacessíveis aos iniciados e hermeticamente fechados aos estudantes de Direito Civil. Para eles, abriu as portas de Windscheid e Dernburg, o pandectismo alemão, tão ligados ao Código Civil alemão, que linhas traçou a nosso código. Lembrou aos estudiosos brasileiros joias de hermenêutica jurídica, François Geny, Degni e Emilio Betti.

Foi, no entanto, no magistério do Direito, que San Tiago Dantas deu o toque final na sua vida de jurista. Sempre que se fala em educação jurídica, seu nome é relembrado. Valem os versos de Murilo Mendes sobre Manuel Bandeira: "Todos nós catecúmenos/Bebemos no teu canto". Ao atingir a cátedra aos 29 anos, estava fadado a exercer notável influência na educação jurídica, porque suas ideias têm forçado uma tomada de posição mais real, uma escola não somente teórica de nefelibatas, juristas desafeiçoados ao mundo real. As aulas magnas e conferências que fez são o norte para qualquer estudo sobre o assunto, como a conferência de 1941 sobre a renovação do direito e a aula magna de 1955 sobre educação jurídica e crise brasileira. Como Manoel Bandeira, na Última Canção do Beco, ao descrever o quarto da mansarda que ia desaparecer: "Vai ficar na eternidade ... Intacto, suspenso no ar!"

Em A Renovação do Direito, lembrou que a escola de Direito vive do mundo exterior, atenta aos fatos sociais, às controvérsias e contradições da sociedade. Estará em crise a Faculdade de Direito imune às reações, transformando-se num museu de praxes e princípios. Os juristas devem se voltar para a renovação do direito, reprovando todo academismo em que a mentalidade científica corre sempre o risco de se estagnar.

Voltou, em 1955, à gloriosa Faculdade Nacional de Direito, a debater o tema educação jurídica e crise brasileira, na famosa e sempre lembrada aula inaugural, num panorama de classe dirigente e cultura, decadência cultural e sucessão política, cultura jurídica pela educação e do direito como técnica do controle social.

Em 1964, pouco antes de falecer, atingido por moléstia insidiosa, pregava uma universidade objetiva e direcionada aos quadros técnicos e gerenciais do país, um centro de pesquisa e ensino, de treinamento, e não cartório fornecedor de diplomas.

Por tudo, San Tiago Dantas merece homenagem, como Ihering disse sobre Savigny, respondendo sobre a construção de um monumento ao jurista falecido: "Quando um homem destas qualidades parte do mundo, não necessita a pedra ou bronze para transmitir seu nome à posteridade" (DUTRA, 2014).

### *d) Miguel Reale*

Para o futuro ficará essa imensa obra jurídica do professor, advogado, administrador, filósofo, produto da abnegação e amor ao direito ao longo de mais de 60 anos de atividades, marcada pontualmente a partir de 1940, quando Reale candidata-se à cátedra de Filosofia do Direito da grandiosa Faculdade de Direito do Largo de São Francisco, que desde 1828 já espalhara pelo Brasil os seus ensinamentos e suas glórias, por seus professores e alunos. Reale apresentara sua tese sobre os fundamentos do direito com os pródromos da fundamentação, formação e validade do direito. Dizia: "O Direito, em verdade, só pode ser compreendido como síntese de ser e deve ser". É o fato social na forma que lhe dá uma norma racionalmente promulgada por uma autoridade competente segundo uma ordem de valores. Então fato e norma, numa dimensão bidimensional. Faltava o valor. Mas o passo seguinte daria a dimensão extraordinária da teoria tridimensional do direito – fato, valor e norma. Toda conduta ética é a realização (fato) de um valor, mediante uma norma. Tal a influência dessa teoria, que o notável Luís Recaséns-Siches, grande professor de Filosofia do Direito, reconheceu a incorporação do pensamento de Reale à sua própria filosofia do direito. Estava estabelecido um marco na filosofia do direito no Brasil, antes e depois de 1940. A Faculdade de Direito de São Paulo trazia a grande glória de Pedro Lessa, luzeiro do direito e de sua disciplina magisterial. Essa expressão foi retomada por Reale ao fixar a filosofia do direito como entendimento do jus como concreção social e de experiência. Mas Reale não ficou no mundo da filosofia, porque ligou o direito à experiência, e isso transparece de seu livro *O Direito Como Experiência*. Nele, a dogmática jurídica corresponde ao momento em que a experiência jurídica se põe como efetivo sistema jurídico. O direito é uma das ciências fundamentais da experiência humana. Retoma o tema da experiência em seu livro *Experiência e Cultura,* como complexo de formas e processos mediante os quais procuramos nos certificar da validade de nossas interpretações da realidade. E consagra-se no livro *Pluralismo e Liberdade,* com as exigências essenciais de sua época, traduzindo o substancial no ser histórico. Para Reale, o direito desenvolve-se à medida que a necessidade vai exigindo e os fatos vão ditando. E isso sentiu como advogado em suas demandas e seus pareceres formidáveis, como os de interpretação da Constituição – ordem econômica, meio ambiente, o Judiciário e a missão da justiça, a ética do juiz e a conceituação jurídica da Binacional Itaipu como pessoa jurídica internacional. Estabeleceu-se uma relação entre o filósofo do direito e o advogado, tal qual na convivência de D. Quixote com Sancho Pança, com transposição de personalidades. O escudeiro recepcionou a alma do amo. O advogado recepcionou o filósofo do direito, lembrando o pensamento de Eduardo Couture – o advogado transforma a vida em lógica, e o juiz transforma a lógica em justiça. Homem do seu tempo e seus problemas, não fugiu do debate político e o circunscreveu à defesa do parlamentarismo, escrevendo livro sobre o tema.

### *e) Carlos Maximiliano esteve nos três poderes*

Carlos Maximiliano chegou ao STF em 1936. A calma vida em Santa Maria e Cachoeira, em sua terra natal, propiciou-lhe o aconchego da rígida têmpera gaúcha, da luta do apego aos princípios morais e à intrepidez audaz da gente do Sul.

Naquele contato como advogado, amadurecera ideias e pensamentos e, na política, fora o bom lutador na oposição à quinta reeleição de Borges de Medeiros.

O estudo contingenciado pela vida pobre e difícil do sonhador e idealista amalgamou a personalidade lutadora de Carlos Maximiliano, pautando sua vida por esses desígnios herdados da advocacia intensa.

Do afã no estudo e da persuasiva atividade jurídica, Carlos Maximiliano pôde escrever seus Comentários à Constituição de 1891, justificando o aparecimento, pelo obsoletismo das obras clássicas de João Barbalho e Aristides Milton forjadas no calor do debate constituinte, muitas vezes, refletindo a vontade ou o pensamento do comentador, e não comentário ao dispositivo ou ao texto. Diz Maximiliano que o comentador não combate, justifica; não desdenha, explica, constrói. Não ensina o que desejaria ver codificado, e, sim, o que a letra do estatuto espelha.

Criticava, nos *Comentários*, o servilismo ao constitucionalismo inglês ou americano, não esquecendo a vetustez do constitucionalismo europeu, modelo inadequado à jovem república brasileira.

Maximiliano não desdenhou o ensinamento de Bryce, Story, Kent ou outros então mais modernos: Cooley, Baldwin, Beard.

A consagração dos *Comentários* de Maximiliano à primeira Constituição Republicana era fruto do papel inovador apresentado, no exame do direito brasileiro, criando o espírito da análise e apuração do real significado do texto constitucional dentro da realidade brasileira. Somente a verdade.

A palma ser-lhe-ia concedida por Rui Barbosa ao considerar os *Comentários* de Carlos Maximiliano o melhor livro existente no Brasil sobre Direito Constitucional (BAPTISTA PEREIRA, 1923).

Com essa aureolada iniciativa, Carlos Maximiliano conquistava o lugar conseguido pelos clássicos João Barbalho e Aristides Milton. Ao jovem jurista gaúcho, maiores encômios em face da excepcionalidade da obra.

Mas a obra imperecível de Carlos Maximiliano é, sem dúvida, *Hermenêutica e Aplicação do Direito*. Diz-se imorredoura, porque Maximiliano conseguiu, com mão de mestre, reduzir a precioso volume a função e o trabalho do hermeneuta e aplicador do direito. E a excelência da obra está na característica do hermeneuta moderno. Em *Hermenêutica e Aplicação do Direito*, Maximiliano plantou as raízes formativas do juiz que viria a ser pelo ideal que revelou na arte de julgar.

Carlos Maximiliano fugia à interpretação simples do direito positivo brasileiro para constituir o manancial teórico embasado pelos grandes juristas. Assim, pôs-se diante do infindável estudo sobre o direito intertemporal, a teoria da retroatividade das leis, advertindo sobre as consequências pelo silêncio constitucional e permitindo a retroatividade das leis, como acontecera em 1937.

Na questão do direito intertemporal ou da retroatividade da lei, expungiu dúvidas atrozes fixando regras e princípios.

No condomínio, hoje chamado edilício, ou apartamento e andares, fruto do progresso que impôs a verticalização da propriedade, Maximiliano expungiu os pontos fundamentais do diploma legal de 1928, só alterado em 1964 por lei moderna e consentânea com a explosão da propriedade de andares, ou, como chamara Pacifici Mazzoni, a comunhão de casas divididas por andares.

Ao estudo do direito das sucessões, trouxe novas luzes, apagando os defeitos e complementando os trabalhos editados logo após a vigência do Código Civil, como as obras de Clóvis, Itabaiana de Oliveira e os três volumes do *Manual*, de Paulo de Lacerda, escritos por Hermenegildo de Barros, Ferreira Alves e Astolfo de Rezende.

A 3ª edição do *Direito das Sucessões*, em seus três alentados volumes, propiciou ao Instituto dos Advogados Brasileiros conceder a Maximiliano o Prêmio Teixeira de Freitas, em memorável sessão daquela notável instituição.

Ao Legislativo prestou grande colaboração, cinco vezes eleito deputado federal e, principalmente, na Assembleia Constituinte de 1933, como presidente da grande Comissão da Constituição dos 26. Para essa função, Maximiliano já trazia bagagem literária jurídica das mais apreciáveis, além do exercício do cargo de ministro da Justiça (1914-1918) do governo Wenceslau Brás, ocasião em que Maximiliano deixou seu nome indelevelmente ligado ao monumento legislativo que é o Código Civil, ao referendar a lei que instituiu esse diploma, em período histórico de pacificação do país e restabelecimento da harmonia entre os poderes, cicatrizando as feridas abertas pelo antecessor, como observou o Ministro Aliomar Baleeiro, em *O Supremo Tribunal Federal, esse outro desconhecido* (1968), e também a reforma do ensino, chamada Reforma Maximiliano (1915), quando o ensino pertencia à pasta da Justiça.

Na Constituinte de 1933, encontraram-se figuras das mais expressivas, desde os provectos Miguel Couto, Antônio Carlos, J.J. Seabra, Raul Fernandes, Assis Brasil, até os jovens Pereira Lira e Prado Kelly. Mas especialmente na Comissão Especial, presidida pelo próprio Maximiliano, reforçara a instituição do mandado de segurança, já consagrado no projeto da Comissão do Itamarati por inspiração de João Mangabeira (SILVA, 1969).

Na Consultoria-Geral da República, bem como na Procuradoria-Geral, revelou-se a harmonia do saber, da modéstia e da bondade, como acentuou o Ministro Luiz Gallotti na homenagem do STF pelo passamento de seu antigo membro em 1960.

Ao chegar ao STF, Carlos Maximiliano, armado da maior formação jurídica, política e social, estava cônscio do papel dessa eminência institucional. Trouxe ao Supremo Tribunal, o "Santuário do Direito", como disse, ensinamentos já lembrados em seus *Comentários*, que posteriormente tornaram-se dogmas.

## 16. Grandes figuras do Judiciário

Certamente, outra dificuldade a ser superada pela atuação de cada um no apresentar sua vida, seus votos, seu modo de decidir.

Não se pode esquecer um paradigma de juiz – Pedro Lessa –, por seus votos, suas inquietações, seu saber jurídico, forrado como professor de Filosofia do Direito e grande advogado em São Paulo. E por que Pedro Lessa, nessas reminiscências dos anos 1960 a 2019? Porque ficaram e permaneceram os ecos da sua atuação. Lá está, em São Paulo, o nome da Justiça Federal na Avenida Paulista – Fórum Ministro Pedro Lessa.

Orosimbo Nonato foi outro formador de uma época no STF por seus votos, muitas vezes, longos e minuciosos, mas fez era (1940-1960).

Aliomar Baleeiro chegou ao STF em 1965 como político de oposição e revelou-se notável e grande colaborador para a construção do Direito Tributário.

Victor Nunes Leal foi um reformulador na apresentação dos trabalhos do STF – a súmula, o modo de reação.

Gonçalves de Oliveira era um juiz sempre carregado de formação do advogado, na busca de atender com uma solução a resolver o caso concreto, como aconteceu em 1964, ao conceder liminar em *habeas corpus*, pela primeira vez no STF, em favor do Governador Mauro Borges, do Estado do Goiás.

Luiz Gallotti impressionava pela lucidez, pela rapidez do entendimento e pela formulação da solução. Capacidade incrível de trabalho, terminou seu tempo sem processo no gabinete.

### *a) Pedro Lessa*

Nas Arcadas paulistas, Pedro Lessa pontificou como catedrático de Filosofia de Direito e exponencial advogado, até atingir o Supremo Tribunal.

Dentre todos os juízes que sempre contribuem com suas presenças na Suprema Corte brasileira, Pedro Lessa é o mais invocado como ímpar do lidador do direito. Cada homem, em seu tempo, deve ser o ponto analítico do historiador para enfeixar numa crítica as atitudes e as constâncias no cotidiano. Na eleição entre os seus antepassados, de um magistrado que trouxesse notável substância ao direito e à Corte, podendo, sem exagero, falar-se no Supremo Tribunal antes e depois de Pedro Lessa. Perseguiu a profecia de Bernardo Pereira de Vasconcelos, em 1827, nos albores do Estado brasileiro e no nascedouro da Corte, de que ela contribuiria eficazmente para a elevação e a dignificação da justiça brasileira (VASCONCELOS, 1978).

Aureolado na cátedra e na advocacia, Pedro Lessa hesitou, e dizem que não aceitou momentaneamente o convite de seu conterrâneo Presidente Afonso Pena para ocupar a vaga de Lúcio de Mendonça no Supremo Tribunal, tanto que se divulgou a versão corrente de que Pedro Lessa não aceitaria o cargo após ter sido nomeado e que teria ido ao palácio agradecer a nomeação. Se isso acontecesse, Rui não diria, mais tarde, em seu manifesto, que Pedro Lessa era o mais completo dos nossos juízes.

Empossado em 1907, Lessa encontrou na Egrégia Corte daquele tempo o problema do governo do Estado do Rio, onde se contravinham a investidura do Presidente Becker e o mandato de Nilo Peçanha.

De 1907 a 1921, ano de sua morte, Pedro Lessa foi o grande magistrado, com o epíteto de "Marshal Brasileiro" pelo maior advogado, aquele que, junto do magistrado insigne, postulou e requereu justiça: Rui.

Tinha os requisitos exigidos por Edmundo Lins para ministro do Supremo: ser filiado à estirpe dos Paulo e dos Gaios e ser da espécie rara daqueles que personificam a jurisprudência na mais alta acepção da palavra. Nesses quase 14 anos de Supremo, conviveu com Alberto Torres, Epitácio Pessoa, Guimarães Natal, Amaro Cavalcanti, Viveiros de Castro, João Mendes Jr., Pires e Albuquerque, Edmundo Lins.

Seguia na prática o que pregara pela última vez a seus alunos em São Paulo: "Se fordes juiz, lembrai-vos de que tão altos e tão raros são os predicados".

Às grandes questões deu a vivacidade inerente ao grande advogado, a didática dos fatos pertinentes ao professor. Nele, a magistratura brasileira teve um repositório de ideias e transformações, a aplainar as arestas das controvérsias e sepultar as velharias e tradições obsoletas.

A colaboração de Pedro Lessa na elaboração da chamada teoria brasileira do *habeas corpus* foi, sem dúvida, a sua maior contribuição ao direito brasileiro. Não tínhamos o mandado de segurança para a garantia do direito líquido e certo não amparado por *habeas-corpus*. Assim, no exame estrito do cabimento dessa medida constitucional, somente era possível para garantir a liberdade de locomoção, e não para assegurar direitos individuais, direitos pessoais. A extensão a esses direitos foi a grande conquista jurídica que contou com a notável atuação de Pedro Lessa no Supremo Tribunal.

Um dos primeiros casos foi o relativo à duplicidade de mesas diretoras da Câmara Municipal do Distrito Federal.

O Presidente Nilo Peçanha, em 1909, baixou decreto dando atribuições ao prefeito do Distrito Federal enquanto o Congresso não examinasse a duplicidade de resultados na eleição para o Conselho Municipal, que é hoje a Assembleia Legislativa ou seria a Câmara Municipal.

Os prejudicados impetraram *habeas corpus*. Denegado em primeira instância, o Supremo examinou o recurso interposto. Pedro Lessa, como vogal, considerou o decreto presidencial ilegal e inconstitucional, apesar da negativa ao pedido, porque o fim que se tentou conseguir não fora garantir a liberdade individual somente, porém resolver, ao mesmo tempo, uma questão de investidura em função de ordem legislativa.

O outro grupo de intendentes impetrou *habeas corpus*. Pedro Lessa manteve seu voto anterior, denegatório do pedido, porque os impetrantes desejavam a ordem para penetrar no recinto do Conselho Municipal e funcionar com uma mesa ilegalmente constituída.

Acentua o alcance do *habeas corpus* com o fim exclusivo de garantir a liberdade individual ou pessoal, esta um direito fundamental que está na natureza abstrata e comum do homem.

Reunidos os intendentes, novos problemas surgiram, culminando como decreto em 1911, baixado pelo Presidente Hermes da Fonseca, designando novo dia para a eleição de intendentes, *ipso facto*, dissolvendo o Conselho, os intendentes requereram *habeas corpus* ao STF, que o concedeu. Foi relator o Ministro Pedro Lessa. Seu longo voto apoiava-se no receio do constrangimento à liberdade individual dos impetrantes: o caso não é daqueles de natureza política subtraídos à competência do STF; ilegalidade do constrangimento à liberdade individual por decreto inconstitucional do Poder Executivo federal; o fato de se tratar de cidadãos que pretendem exercer uma função pública não é motivo jurídico para se julgar incabível o *habeas corpus*.

Enviada a decisão ao ministro da Justiça, este oficia ao presidente do Supremo Tribunal, comunicando não poder dar cumprimento à ordem judiciária, como expressara o Presidente Hermes da Fonseca ao Congresso Nacional. Nessa comunicação, o chefe do Poder Executivo declarava que o Supremo Tribunal exorbitara das atribuições que a Constituição lhe dera, invadindo atribuições do Poder Executivo.

Dessa desabrida atitude, inevitável crise desabaria. Recebido o ofício ministerial, na sessão do Supremo, o Ministro Pedro Lessa iniciou suas palavras acentuando não estar surpreso com o ato do presidente da República, porque a outros ministros já havia comunicado a convicção de que não seria respeitada a decisão proferida, bem como não seria acatada qualquer outra sentença, igualmente justa, desde que contrariasse os interesses políticos dominantes. Rebate a alegação de falta de competência do Supremo para conhecer de *habeas corpus* por se tratar de matéria política, mostrando que somente as questões meramente políticas, as que não estão sujeitas a disposições legais, não podem ser apreciadas pela Corte.

Em 1911, no caso do Estado do Rio, envolvendo a legitimidade de mandatos, voltava o Supremo a examinar em *habeas corpus* a dualidade de Assembleias Legislativas no Estado do Rio.

Uma reconheceu Francisco Chaves de Oliveira presidente do estado, e a outra reconheceu Manoel Edwiges de Queiroz Vieira. Os membros dessa segunda assembleia impetraram o *habeas corpus*, alegando estarem impossibilitados de realizar sessão especial para dar posse ao novo presidente, impedimento causado por força pública federal. O tribunal concedeu a ordem. Em seu voto, Pedro Lessa concedia por estar provada a privação da liberdade individual para a reunião no exercício de um direito político.

O tribunal, por maioria, com base em proposta de Epitácio Pessoa, resolveu declarar inexequível o acórdão no *habeas corpus* concedido por já ter sido o conflito do Estado do Rio resolvido pelo

Poder Executivo. Contra a indicação também ficou o Ministro Pedro Lessa.

Posteriormente, o Supremo voltou a examinar outro pedido de *habeas corpus* sobre o mesmo assunto, e aí Pedro Lessa fez parte da opinião unânime pela concessão, mas ressalvando seu ponto de vista, com base em voto do Ministro Amaro Cavalcanti, de que a inexequibilidade do acórdão era ilegal na forma por não haver nenhuma disposição regimental ou legal que autorizasse a anulação do acórdão por meio de simples indicação de alguns ministros.

O presidente do Estado de Mato Grosso, general Caetano de Faria, estava acusado da prática de irregularidades. O STF negou o primeiro *habeas corpus*, contra o voto de Pedro Lessa. No segundo pedido, foi deferida a ordem.

Em 1912, o Supremo volta à baila examinando o caso da Bahia.

Renunciando o Governador Araújo Pinho, assumiu o cargo Aurélio Viana, presidente da Câmara dos Deputados Estaduais em virtude de não poder assumir o cônego Manoel Galrão, presidente do Senado Estadual. O governador convocou assembleia geral extraordinária a reunir-se em Jequié. Alguns membros da assembleia não acataram a decisão, e o vice-presidente do Senado Estadual, Barão de São Francisco, convocou a assembleia para reunir-se em Salvador. Requerida a liminar pela mesa da Câmara, foi esta concedida e livre o exercício das funções. Os dissidentes requereram *habeas corpus*, também concedido, para a reunião convocada pelo Barão de São Francisco. O governador criou obstáculos ao cumprimento da decisão, o que levou o juiz a solicitar providências militares. Assim, também não concordando o governador, o general Sotero Menezes, comandante da Região Militar sediada em Salvador, mandou bombardear o reduto governamental. O governador refugiou-se no Consulado da Venezuela e depois no da França e renunciou.

Rui Barbosa requereu ao Supremo *habeas corpus* em favor do Governador Aurélio Viana. Após várias providências, o tribunal julgou prejudicado o pedido, por maioria, porque o presidente da República ordenou a reposição do Governador Aurélio Viana no cargo.

Rui não se conformou com a decisão e reiterou o *habeas corpus* para que seus constituintes não continuassem a ser perturbados no exercício de seus cargos. O tribunal julgou prejudicado, com base na decisão anterior; porém, Pedro Lessa ficou vencido, porque o fato de o presidente da República confessar nas informações que realmente o Governador Aurélio Viana fora coagido a renunciar ao seu cargo é motivo legal para conceder e não para negar a ordem ou para julgar prejudicado o *habeas corpus*. A coação subsiste, e promessas de que mais tarde a farão cessar não são razões jurídicas para a denegação de uma ordem de *habeas corpus*.

Outra questão polêmica levada ao STF estava ligada ao cabimento da declaração de inconstitucionalidade do ato do Poder Executivo decretando o estado de sítio.

Vários jornalistas detidos na vigência do estado de sítio requereram, em 1914, *habeas corpus* ao STF. O tribunal negou a ordem, contra o voto de Pedro Lessa. Fundado no direito constitucional americano, o grande inspirador naquela época, Pedro Lessa considerava inconstitucional o estado de sítio.

Em outro *habeas corpus* (1914), o Supremo eximia-se do exame da constitucionalidade do sítio. Pedro Lessa, relator do pedido, deferiu porque não havia razão para se decretar o estado de sítio, portanto as questões não eram políticas, e, sim, meramente jurídicas. Como acentuara no precedente *habeas corpus*, o Supremo Tribunal é um tribunal político, porque tem a faculdade de declarar a inconstitucionalidade de lei. O Supremo pode se ocupar de questões políticas, desde que pertinentes à matéria política subordinada a disposições constitucionais ou leis. Em réplica ao Ministro Amaro Cavalcanti, Lessa sustentava que a garantia à liberdade individual é o primeiro de todos os direitos, depois do direito de viver.

Também a publicação dos debates parlamentares durante o estado de sítio foi objeto de *habeas corpus* impetrado por Rui Barbosa em 1914. Nesse caso, a ordem foi concedida, garantindo-se o exercício da profissão jornalística. O fato se originou do discurso do senador Rui Barbosa de protesto contra o ato do governo, que prorrogara o estado de sítio. Esse discurso pronunciado no Senado teve a sua reprodução no jornal *O Imparcial*, sendo obstado pelo chefe de polícia.

Em outro *habeas corpus* impetrado por Rui Barbosa para vários jornalistas, compositores, impressores e vendedores de vários jornais que visavam à liberdade de imprensa durante o estado de sítio, o Supremo negou o pedido, contra os votos do Ministro Sebastião de Lacerda e do Ministro Pedro Lessa. Este, como relator, assim se pronunciou favoravelmente.

Nova dualidade de governos surgiu no Estado do Rio em 1914. Prestes a expirar o mandato do presidente do estado, Oliveira Botelho, cujo mandato fora já controvertido, procedeu-se à eleição a ser apurada pela Assembleia Legislativa, que se dividiu em duas facções. A primeira proclamou presidente do estado o Dr. Nilo Peçanha, para o período 1915 a 1918. O outro grupo proclamou eleito Feliciano Sodré Júnior. Impetrado *habeas corpus* preventivo em favor de Nilo Peçanha, que não via condições de assumir o poder, dada a hostilidade do então presidente, o pedido foi deferido, por maioria, votando contra a concessão o relator Pedro Lessa.

No deslinde das questões dos limites interestaduais, que se acumularam, a opinião de Pedro Lessa se fez ouvir: Amazonas e Mato Grosso; Santa Catarina e Paraná; Rio Grande do Norte e Ceará.

Em 1908, o STF julgou improcedente a demanda do Estado do Ceará proposta contra o Estado do Rio Grande do Norte. Assim procedeu o tribunal porque militava a favor do Rio Grande do Norte o direito de posse imemorial sobre o território questionado pelo Ceará (região do Mossoró ou Potengi). Mandava proceder à demarcação. Rui, ao impugnar os embargos opostos pelo Ceará, apela ao honrado autor do voto vencido a apoiar o Rio Grande do Norte. No caso de limites entre o Ceará e o Rio Grande do Norte, Rui foi advogado do Rio Grande do Norte. Já em 1915, Pedro Lessa foi sorteado relator dos embargos, dando pela nulidade do acórdão em virtude de defeito material no julgamento, mas julgando improcedente a ação, portanto mantendo o decisório anterior.

Na questão entre Paraná e Santa Catarina, também os debates foram acesos, com críticas.

Pedro Lessa, na seara do Direito Internacional, sustentou que o delito praticado em alto-mar deve ser julgado pelo país ao qual pertence o navio. A justiça originária continua a ser competente para julgar o paciente, ainda que o navio tenha entrado em porto brasileiro. Atendeu-se à assistência judiciária internacional.

Abriu o caudal da jurisprudência em matéria de homologação de sentença estrangeira de divórcio de brasileiro somente para fins patrimoniais.

A homologação de sentença estrangeira de jurisdição graciosa era muito discutida. Com a jurisprudência do STF sujeitando à homologação todas as sentenças estrangeiras, superou-se, aliás, contra o voto de Pedro Lessa.

A despeito da opinião de Oliveira Viana do marginalismo jurídico de Pedro Lessa e de ter o grande jurista concepção municipalista distante da realidade brasileira, Pedro Lessa sempre propugnou pela autonomia municipal. A Constituição de 1891 não conseguiu dar o alcance verdadeiro iniciado com a Carta de 1824, e na Lei de 1828, reguladora dos municípios.

A construção jurisprudencial do Supremo, principalmente por meio de Pedro Lessa, plantou as raízes do atual municipalismo, essencialmente na Constituição de 1946.

Afora a vasta contribuição de Pedro Lessa na interpretação do direito, é conveniente aportarmos sua orientação pelo método tradicional, adepto das teorias da Escola da Exegese e da Jurisprudência dos Conceitos de Savigny. Por isso, não ficava indiferente, como o juiz autômato, aferrado à interpretação literal. Atender-se mais aos objetivos e propósitos da lei, construindo nova ordem jurídica baseada em certos princípios de liberdade e igualdade.

Em conferência sobre a ideia de justiça, Pedro Lessa criticou os métodos modernos de interpretação, transformando o juiz em legislador, e em voto afirmou a escravidão ao interpretar sempre atingindo o fim social, a finalidade social da lei, como hoje prevê o Código de Processo Civil, ao indicar ao juiz o *desideratum* da lei mediante a interpretação.

A personalidade do magistrado se reflete invariavelmente na substância dos seus votos e sentenças. Mas destaca-se a opinião do juiz no externar suas convicções, por vezes, afirmando posições, vencido. Assim, o voto vencido nos tribunais tem demonstrado pelos tempos afora a sua importância, porque, dissentindo do cotidiano, lança novas posições, abre clareiras na floresta imensa da lógica, permitindo novos esclarecimentos, construindo ponto de partida de novos conceitos e situações. Esses votos vencidos são, inúmeras vezes, prenúncios de novas orientações legislativas. Essa importância dada aos votos vencidos foi acentuada na Corte Suprema na fase do Governo dos Juízes (1895-1937), diante das posições excepcionais de Holmes, Brandeis e Cardoso: os famosos *dissents*.

Pedro Lessa trouxe a sua parcela como jurista e professor, com a sua combatividade, arrostando as velhas teorias e práticas. Assim foi na interpretação extensiva do conceito de *habeas corpus* como inserido na Constituição de 1891. Pedro Lessa pretendeu ir além da garantia do direito de liberdade de ir e vir, assegurando a liberdade de locomoção como pressuposto do exercício do direito ilegalmente cerceado ou ameaçado. Assim, votou no caso da mesa da Assembleia do Estado do Rio no caso do Conselho Municipal do Distrito Federal. A chamada teoria brasileira do *habeas corpus* findou em 1926, com a restrição desse instituto (BARROSO, 2020).

Lessa pretendia que o direito fosse líquido e certo para proteger a liberdade individual no sentido da liberdade de locomoção, também para a defesa de direito ao exercício de determinada atividade. Lançava-se aí a semente e um dos mais utilizados remédios para a garantia do direito líquido e certo, o mandado de segurança, que encontra suas raízes nos votos vencidos, nas opiniões isoladas de Pedro Lessa.

Com o advento do regime republicano, buscou-se no modelo americano a estrutura federalista necessária ao grande Estado, na verdade, eram os Estados Unidos do Brasil. O símile sofrera processo diverso da cópia. Lá, o federalismo centrífugo; aqui, o federalismo centrípeto. A necessidade americana de reunir num Estado vários estados-membros, por compra e anexação, tinha tido causa diferente da federação brasileira, onde se dividia, se partia, se atribuía o poder central também às províncias imperiais, depois estados. Assim, o poder central não ficava alheio ao mando nos estados-membros porque reservava para si inúmeras competências e atribuições, dentre elas a legislação do direito substantivo.

Era inevitável que, entre aqueles estados, houvesse divergência na apreciação do direito imposto pelo poder central, o direito federal. Por isso, o novo governo republicano, em 1890, baixava o Decreto nº 848, que organizava a justiça federal e dispunha, em seu art. 9º, parágrafo único, sobre recurso, para o STF, das sentenças definitivas proferidas em última instância pelos tribunais e juízes dos estados. A Constituição de 1891 pouco alterou a sua substância. Não nominou esse recurso. Mas o Regimento Interno, o primeiro, de 8 de fevereiro de 1891, o batizou de extraordinário.

Transformou-se no grande dissipador da discrepância na interpretação do direito federal. Como é claro, o grande artífice dessa unificação foi o STF e, dentre seus integrantes, Pedro Lessa. Várias outras contribuições são assinaladas, principalmente os três grandes trabalhos sobre o recurso extraordinário: de Lúcio de Mendonça, Epitácio Pessoa e Cândido de Oliveira.

No capítulo do recurso extraordinário, ainda jovem remédio, recentemente ratificado pela Constituição de 1891, Pedro Lessa norteara a consagradora jurisprudência cujas origens a consolidação pelo tempo desprezou. Assim, pelo não cabimento da ação rescisória das decisões do STF, quando proferidas em sentença que o tribunal, em grau de recurso, confirma ou reforma. Essa sentença faz coisa julgada, que não pode ser alterada por ação rescisória, exceto quando haja nulidade.

No âmbito da competência da justiça federal, considerava-se competente para conhecer e julgar as causas em que fosse, de qualquer forma, interessada a União, ainda que ela não interviesse no pleito, por intermédio dos seus legítimos representantes, como autora, ré, assistente ou opoente. Também a ela competia sempre que uma das partes fosse estrangeira, residente no estrangeiro, embora não houvesse conflito de leis.

Os parâmetros interpretativos, evidentemente, não foram os mais extensivos, a despeito das opiniões de Rui Barbosa e Pedro Lessa. Pedro Lessa pugnava pela amplitude superando o conceito de "aplicação da lei".

Ainda no domínio civilístico, assinalou Pedro Lessa que os credores de sociedade de fato se encontram na posição jurídica de poderem se valer de sua existência ou desconhecê-la, de acordo com a conveniência. Existindo a sociedade de fato, podem agir contra ela; ao contrário, podem acionar seus sócios.

Pedro Lessa, por meio de sua atuação vibrante no Supremo Tribunal, rompeu os grilhões de uma tímida judicatura que a Corte trouxera do Império, sem intenções de alterar o *status quo* jurídico numa impassividade exagerada. Talvez a presença marcante de Pedro Lessa não tenha sido entendida e até criticada por outros. No entanto, deu à toga que vestira no Supremo a honrosa dimensão de inovador e construtor, e assim os pósteros julgaram-no em grande dimensão, entre eles o saudoso e insigne Aliomar Baleeiro.

Tratamos de um mineiro ilustre, ainda que aculturado em terras paulistas e que nunca perdeu o amor ao berço, num liame atávico (GARCIA, 2020; GODOY, 2020).

### *b) Aliomar Baleeiro*

Aliomar Baleeiro foi o grande parlamentar da oposição a Getúlio, Juscelino e Jango. Cáustico, duro, corajoso, ornava a chamada banda de música da UDN, grandes figuras, por dentro, e, por fora dos instrumentos, Prado Kelly, Adauto Cardoso, Oscar Corrêa, Milton Campos, Carlos Lacerda e Afonso Arinos.

Percorria esses caminhos ao lado da vida universitária. Na Bahia, como catedrático Ciências das Finanças, no Rio de Janeiro, passava ao Direito Tributário ao disputar a cátedra da chamada Faculdade de Direito do Catete, hoje integrante da Universidade do Estado do Rio de Janeiro. Editava, então, o primoroso e clássico *Limitações Constitucionais ao Poder de Tributar*, livro pioneiro. Passava, então, a divulgar o *Direito Tributário Brasileiro*, com inúmeras edições.

Essa vertente acadêmica proporcionou-lhe enorme colaboração no Legislativo, desde a Constituinte da Bahia, em 1935, e especialmente na Constituinte de 1946, em que foi relator da difícil discriminação de rendas. Foi o grande realizador de um projeto de código tributário, iniciado na Câmara, em 1954, com todos os aportes de Baleeiro, culminado no *Código Tributário Nacional* (1967). De lembrar-se a grande participação de Baleeiro no novo Estado da Guanabara, em 1960, como constituinte e relator do projeto constitucional, com ênfase na criação da Universidade do Estado da Guanabara, hoje Universidade do Estado do Rio de Janeiro.

Relembre-se, ainda, a passagem de Baleeiro na OAB da Bahia e no Conselho Federal.

Forrado de tudo isso, foi indicado pelo Presidente Castelo Branco, em 1965, para o Supremo Tribunal. Temido e temeroso.

Temido como iconoclasta, irreverente e corajoso, tudo isso temperado no Parlamento. Temeroso das funções, dos encargos, das missões. Mas grande respeitador da Corte. Dizia, em seu último discurso parlamentar: "Acredito nas instituições, no seu funcionamento, quando vejo a bandeira tremular no mastro do Supremo Tribunal".

Teve estilo próprio, entre o parlamentar e o professor. Atento, respeitador, humano e dedicado. Soube entender o papel político do Supremo Tribunal como poucos, porque era sensível aos influxos humanos, ao interesse público. Foi o grande crítico da lei e, certa vez, enfrentou o uso exagerado dos decretos-leis, quando examinou o decreto-lei que tratava de purgação da mora em locação comercial, e dizia: "O presidente da República não tem o ilimitado poder discricionário para a edição do decreto-lei"– debate tão oportuno, hoje, na edição da medida provisória.

Liberal, era ardoroso defensor da concessão de *habeas corpus*. Certa vez, disseram que, na impossibilidade do deferimento, só faltava pedir desculpas ao paciente.

Mostrou o papel da Corte em curso na Universidade de Brasília, que reuniu no singular livro *O Supremo Tribunal Federal, esse outro desconhecido*.

Baleeiro era homem de feições fechadas, austeras. Por trás, grande figura humana, preocupado com as causas sociais, com os humildes. Sensível no gosto musical, antecipou aos amigos a relação das músicas da sua missa de 7º dia (Haendel, Bach).

## 17. Momentos importantes (e graves) do Judiciário

O Supremo Tribunal Federal esteve no debate nacional em 1955 ao julgar o mandado de segurança impetrado pelo Presidente da República Café Filho. Com a morte do Presidente Getúlio Vargas, assumiu a Presidência o vice, Café Filho. Juscelino Kubitschek eleito, estabeleceu-se um movimento contra sua posse. Nesse meio tempo,

Café Filho foi hospitalizado, com problemas cardíacos, e assumiu o presidente da Câmara dos Deputados, e a Câmara votou o afastamento definitivo de Café Filho. Este impetrou mandado de segurança no STF para a volta ao exercício presidencial, e a Corte negou o pedido. Foi um grande momento da Corte antes da transferência para Brasília, em 1960.

Já em Brasília, o STF foi acionado quanto à Constituição da Guanabara (1960), estado criado com a transferência do Distrito Federal para o Planalto Central. Tratava-se da declaração de inconstitucionalidade de artigos dessa nova Carta, e o então relator, Ministro Ary Franco, suspendera vários dispositivos. Com isso, o então Governador da Guanabara, Carlos Lacerda atacou fortemente o relator (VIANA FILHO; LINS E SILVA; BERLANZA).

Em 1962, a Corte defrontou-se com a inelegibilidade de sargentos do Exército, portanto, sem possibilidade de candidatura. O julgamento manteve a proibição, e o presidente do STF, Ministro Lafayette Andrada, foi hostilizado por sargentos na porta de seu apartamento, porém, mais grave, o Ministro Victor Nunes Leal foi sequestrado pelos sargentos, como represália à decisão.

Durante o governo Goulart (1961-1964), a Corte defrontou-se com a censura a jornais, repelida fortemente, como na prisão do jornalista Hélio Fernandes (1963) (GASPARI, A Ditadura escancarada).

Finalmente chegamos a 31 de março de 1964. A Presidência da República foi declarada vaga, e o presidente do STF, Ministro Ribeiro da Costa, foi chamado (REGO). Recusa do Presidente Castelo em cassar Hermes Lima e Evandro Lins (CAMPOS).

Com o Ato Institucional nº 2 (1965), o STF foi ampliado para 16 ministros e, no dia 25 de novembro de 1965, foram empossados Aliomar Baleeiro (deputado federal), Carlos Medeiros Silva (advogado, ex- procurador-geral da República), Prado Kelly (antigo político, na época advogado), Adalício Nogueira (desembargador do Tribunal de Justiça da Bahia), e Osvaldo Trigueiro (então procurador-geral da República).

Em 1966, foi editada a Emenda Constitucional nº 16, que estabelecia o rito da declaração de inconstitucionalidade, via representação, hoje ação direta de inconstitucionalidade, de legitimidade exclusiva do procurador-geral da República. Essa exclusividade propiciou a ruidosa aposentadoria do Ministro Adauto Cardoso. O governo editou lei sobre censura. O MDB arguiu a inconstitucionalidade, e o STF não tomou conhecimento. Adauto, em sessão plenária, protestou e comunicou sua aposentadoria.

Logo, em 1964, a Corte enfrentou vários *habeas corpus* impetrados por políticos importantes (Miguel Arraes, Francisco Julião) presos pelo governo militar e a declaração de inconstitucionalidade do art. 48 da Lei de Segurança Nacional, que proibia o exercício profissional (advogados, jornalistas etc.) por atingidos por atos revolucionários.

Nesse período, e até 1985, o STF estava sempre no momento político, sem se expor, mas, às vezes, provocado. Em 1975, faleceu o Presidente Juscelino em trágico desastre de automóvel. O governo não via a sua figura com simpatia e até pensou em não decretar luto oficial. O corpo foi trazido para Brasília para sepultamento na maior manifestação popular. Do governo, ninguém, omissão deliberada. O então presidente do STF, Ministro Djaci Falcão, compareceu ao velório e apareceu ao lado do caixão. Era muita coragem.

Promulgada a Constituição de 1967, surgia novidade sobre o recurso extraordinário com o propósito da redução do seu cabimento, ao se estabelecer a expressão "negar vigência", isto é, a decisão local (Tribunal de Justiça) negava vigência à lei federal. Qual o alcance? Como entender? O debate existe até hoje porque o recurso especial (STJ), ainda hoje, menciona a negativa de vigência (art. 102 da CF/88).

Na Constituição de 1988, ampliou-se a atuação do STF, com a ADI (ação direta de inconstitucionalidade) e a ADPF (ação de descumprimento de preceito fundamental), com inúmeros legitimados; ao contrário, até 1988, o único legitimado era o procurador-geral da República.

O STF foi provocado na sua área criminal, para a qual nunca esteve vocacionado na condução de ação penal originária (deputados federais, senadores, desembargadores), ao julgar a Ação Penal nº 470, chamada de Mensalão, onde foram julgados políticos e administradores do mais nível, com condenações (PEREIRA, 2012; FALCÃO, 2013). Voltou a atuar nas ações originárias na chamada Operação Lava Jato (2019/2020), com inúmeros inquéritos, denúncias e ações penais com deputados e senadores. A chamada Operação Lava Jato deflagrada em 2007, na Justiça Federal em Curitiba, Paraná, teve seu esteio no combate à corrupção, no Juiz Federal Sérgio Moro, nos Ministros Felix Fischer e Jorge Mussi, no STJ, e no Desembargador Newton Trisotto, do Tribunal de Justiça de Santa Catarina, convocado no STJ e o primeiro a receber esses processos, e no STF o Ministro Luiz Edson Fachin.

A Ação Penal nº 470 era tão importante, que a Presidência do STF nomeou advogados *ad hoc* (dativos) para eventual intervenção (José Guilherme Villela, Pedro Gordilho, Nabor Bulhões e Roberto Rosas).

A Corte vive a hipertrofia decorrente da sua grandeza dada pela Constituição de 1988.

O STF sempre enfrentou situações políticas difíceis, porque sempre chamado a arbitrar os conflitos.

Em 1966, julgou mandado de segurança da Hanna Corporation, empresa mineradora estrangeira que tivera sua concessão cancelada, ainda no governo Goulart (1963). Isso envolvia aspectos políticos, jurídicos e econômicos.

Em 1965, havia embate político (surdo) entre a situação e o STF, no meio o presidente do STF, Ministro Ribeiro Costa, que sofria o desgaste. A Corte resolveu prorrogar o mandato do presidente até sua aposentadoria compulsória (70 anos).

O STF julgou, no âmbito criminal, o ex-Presidente Collor de Mello. Foi absolvido, mas com voto de condenação, proferido pelo Ministro Carlos Velloso, nomeado por ele, a demonstrar não haver essa cega subordinação do nomeado.

O STF tem sido criticado pela não condenação (dos abrangidos pelo foro privilegiado – deputados/senadores), mas o STF dependia da manifestação do Ministério Público, e este pedia o arquivamento (insuficiência de provas, prescrição etc.), e o relator deveria seguir o pedido e determinar o arquivamento.

## 18. Comportamento ideal do Judiciário, do Ministério Público e da Defensoria

É difícil ditar regras de conduta aos magistrados, como aos advogados, porque cada um tem suas circunstâncias, como observou Ortega y Gasset, afinal, os juízes do mundo são seres humanos.

Muito se discute se os juízes devem ser avançados, acima da lei da Constituição, resolver o caso concreto e fugir de diretrizes legais, acusados de ativismo judiciário. Ora, pode ser fácil ao juiz atender imediatamente a reivindicação da parte, acima da média de pensamento, então que é média? A média, as pressões populares, os segmentos corporativos? Tudo isso vale, mas o juiz não pode abri-los para começar uma sentença. Se a parte tem razão, ofereça.

Tangencia o ativismo judicial, o protagonismo, o juiz não pode ser o centro do mundo, do Judiciário, da sociedade, porque ele representa tudo isso.

O juiz não julga de ofício, ele não dá sem requerimento, por isso deve pensar no fortalecimento do Judiciário (não só como poder, mas em respeito às suas orientações), entender o acesso dos excluídos (mas não incluir automaticamente), porque haverá intervencionismo). Cuidado com as políticas, porque o juiz deve avaliar os custos e as conveniências.

Afinal, o ativismo judicial é uma conduta de interpretação constitucional, entre a pretensão da classe política e a sociedade civil.

Após 1988, o STF se debateu com a inconstitucionalidade por omissão legislativa. Que fazer? Dar prazo ao legislador? Não obedecido, preencher a omissão? Diante da longa omissão, interpretar de imediato? Tudo é nebuloso e difícil. Então, se o STF supre a omissão, arguiu-se o ativismo.

O Ministério Público sempre teve papel relevante desde o Império, afirmou-se na República e incorporou-se em 1988.

A Constituição de 1988 quis fortalecer o Ministério Público e sua grandeza porque a posição do MP é singular, porque está entre o Judiciário e a sociedade, entre o poder público e o cidadão, é o fiscal da lei e, mais, atua no interesse público.

No plano federal, a separação de Advocacia da União e o verdadeiro Ministério Público foi fundamental, porque, até aí, a Procuradoria da República era advogado e Ministério Público, total incompatibilidade.

Ao Ministério Público se deu estatura excepcional, mas com o cuidado de não mera perseguição ou exigências descabidas.

A gratuidade da justiça e a assistência judiciária sempre foram palavras simpáticas e humanas, mas inexequíveis até 1988. O art. 5º da Constituição deu forma e força a esses institutos, destinados aos carentes e hipossuficientes no acesso à justiça. É alto e nobre esse papel.

Destaque-se, ainda, no capítulo constitucional das funções essenciais à justiça, a Advocacia Pública. Ela atua nos mesmos parâmetros da advocacia privada, luta, desempenho, cuidado com o interesse do seu cliente – o poder público, o Estado, o Erário, mas diante desse poderoso serviço não poder fugir da ética e da responsabilidade de não exigir o impossível e o incabível.

## 19. Atividade do Judiciário

É antiga a discussão sobre o controle do Judiciário brasileiro. Esse debate esbarra na forma e no fundo de um controle, também chamado de externo, sem ferir a independência, a autonomia e a liberdade de o juiz decidir. Um dos argumentos está no controle do Legislativo pelo voto dos eleitores nas eleições e no chefe dos Executivos.

No Judiciário, há controle financeiro pelos tribunais de contas (União e estaduais).

Em 1977, foi criado o Conselho Nacional da Magistratura, composto por sete ministros do STF, que vigorou até 1988.

Continuou a crítica, e, finalmente, a Emenda Constitucional nº 45/2005 criou o Conselho Nacional de Justiça, com composição híbrida (STF, STJ, TST, juiz federal, juiz estadual, OAB, Senado, Câmara, MP).

Inicialmente, foi arguida a inconstitucionalidade da criação do CNJ, porque ofensiva da independência dos juízes e do Judiciário (STF-ADI nº 3367).

Cabe, agora, extremar as funções do CNJ, muitas vezes, contestadas por aqueles atingidos por suas decisões (os magistrados). Ficou estabelecido o controle da função administrativa e financeira, nunca a função jurisdicional, por isso aumenta o prestígio do CNJ se limitada a sua função, muito menos, controle de constitucionalidade (STF-ADI nº 466).

Em verdade, a ideia inicial era a adoção de um modelo normativo de funções administrativas do Judiciário, difícil de ser adotado pelas peculiaridades de nosso Judiciário, entre justiça estadual (27), justiça federal (TRF) e as especializadas (trabalho, militar). Não há possibilidade do encontro de uma identidade entre elas e a adoção de normas uniformes.

## 20. Por uma justiça ágil

Em 1930, para o antigo Distrito Federal, a organização judiciária pretendeu inovações. Em 1957, o governo criou comissão de notáveis juristas para a reforma do Judiciário, com a restrição do recurso extraordinário para o STF, apenas por divergência jurisprudencial. Não vingou. Nesse ano, foi instituído o juízo de admissibilidade para o recurso extraordinário. Até então, os recursos subiam automaticamente ao STF.

Antiga reivindicação da OAB, até hoje, a sustentação oral após o voto do relator. Lei foi sancionada (1956), mas o STF declarou-a inconstitucional porque essa matéria seria do regimento interno. Esse tema voltou na Lei nº 8.906 (1974) (Estatuto da OAB), mas o STF novamente declarou a inconstitucionalidade.

A Constituição de 1967 trouxe importante restrição à admissibilidade do recurso extraordinário, com a expressão "negar vigência", que prevalece até hoje. Essa expressão é enigmática, até com ironia do Ministro Aliomar Baleeiro - será a hipótese drástica, o juiz diz que a lei não está em vigor. Em 1967, o STF regulou no regimento interno as limitações ao recurso extraordinário.

Há certa cronologia nessas datas, de caráter decenal - de dez em dez anos, mexe-se no Poder Judiciário. Em 1977, houve um dramático episódio com o recesso do Congresso: o Presidente Geisel editou o chamado Pacote de Abril, instituindo a arguição de relevância como requisito para o recurso extraordinário e a criação de um controle com o Conselho Nacional da Magistratura.

As restrições ao acesso ao STF, com a vedação de processos, foram amenizadas com a arguição de relevância, preliminar do recurso extraordinário com a demonstração da importância social e econômica. Nesse período, até 1988 (quando foi extinta a arguição de relevância), o STF teve drástico prestígio porque somente raras causas subiam, mas com grande ênfase nas relevâncias do poder público (tributárias etc.).

Dez anos depois, em 1987, já na elaboração da futura Constituição de 1988, o Judiciário sofreu grandes transformações na sua estrutura: criação do STJ, dos tribunais regionais federais, atribuição de promoção dos juízes de direito ao presidente do tribunal (e não aos governadores).

Atitude em debate surge, não de hoje, desde 1963, com a possibilidade da decisão monocrática, sem expressar a vontade do colegiado, ainda que essa decisão isolada possa ir ao colegiado, via agravo.

O aumento do trabalho e do número de processos acarretou a apresentação de mecanismo para solução mais rápida.

Quando o STF desdobrou o plenário em duas turmas, tal atitude deu muita discussão, como se fosse até inconstitucional (NUNES, 1943).

É necessária a conciliação entre a pronta decisão e que emane da vontade do colegiado.

## 21. Soluções alternativas para o Judiciário: arbitragem e mediação

O excesso de processos e o aumento do número de demandas têm exigido alterações legislativas processuais, reformas, mas o crescimento é gigantesco, não resolvido com mais juízes, desembargadores e ministros. Aparecem, então, meios de prestação de justiça, sem participação direta e imediata do Judiciário.

Em várias passagens, a conciliação tem sido pregada diante do sucesso na Justiça do Trabalho (Vara de Conciliação e Julgamento). Nas outras demandas, leis impuseram a conciliação, como ouvir os cônjuges antes da homologação da separação, e, no CPC/2015, a audiência preliminar. A crítica do desestímulo da conciliação está na beligerância das partes: quem vai à justiça quer brigar, não aceita meio-termo, vai até o fim. Se conciliar ao final, o debate já está instalado.

A mediação com mediadores profissionais pode chegar a uma solução sem o acesso ao Judiciário. Muitas questões familiares ou de pequena monta patrimonial podem ser mediadas com solução.

Para causas de vulto, que têm demora e exigem dos juízes grande desenvoltura, tempo e estudo, a arbitragem aparece muito forte, principalmente nas demandas com temas especializados (por exemplo, energia nuclear). A arbitragem está assentada em dois pontos: bons árbitros e advogados hábeis e bem preparados para o debate.

A arbitragem sempre esteve presente no Brasil, nas leis, não na prática devida ao famoso caso Minas/Werneck, com a atuação do advogado Rui Barbosa, porque, após sua derrota no laudo arbitral, foi discuti-lo no STF, onde perdeu novamente. A arbitragem deve ter limites na sua solução, e o laudo arbitral só pode ser discutido em juízo, nos restritos limites da lei.

A arbitragem não teve sucesso no Brasil até o advento da Lei nº 9.307, de 23.9.1996, que a disciplinou. Nesses anos, já pode ser vista como meio de solução de conflitos, ao lado da mediação. O STF colaborou intensamente para o prestígio do instituto no julgamento da Sentença Estrangeira nº 5206-7, afastando qualquer inconstitucionalidade legal.

Quando da discussão parlamentar do projeto dessa lei, houve certa resistência dos advogados, daqueles que viam a possibilidade de exclusão da classe, no ponto em que a presença do causídico seria facultativa, e não obrigatória, à participação do advogado na arbitragem. Esse é um aspecto que merece atenção.

A Constituição Federal reconheceu que o advogado é indispensável à administração da justiça (art. 133 da CF/88), sendo que, certamente, é um conceito que vai muito além de Poder Judiciário.

De forma muito simplificada, se extrai da mesma norma constitucional a imprescindibilidade de que o causídico esteja presente no desenrolar de questões – a exemplo da arbitragem – cuja própria natureza, ainda que não jurisdicional, faz nascer, permanecer ou encerrar um direito oponível por seu constituinte a outrem, ou por outrem ao seu constituinte.

Existe uma motivação, um móvel, que leva o legislador a inserir determinado comando no ordenamento positivado, sobretudo quando se trata de norma de expressão constitucional.

O advogado, evidentemente, não é uma categoria especial, mas, sem dúvida, é especializada. E aí reside sua imprescindibilidade no que toca ao juízo arbitral.

Ora, por mais "simples" que seja um procedimento de saúde ou uma questão estrutural em uma casa, mais seguro o cidadão se sente na presença do médico ou do engenheiro, respectivamente. Perante uma decisão que vai refletir na sua esfera pessoal, jurídica e patrimonial-legal não é diferente.

Portanto, a questão extrapola a simples zona de conforto e segurança. Trata-se de uma decisão racional de disposição para lidar com consequências, muitas vezes, imprevisíveis e que não se limitam ao âmbito subjetivo individual. Ao declinar de um médico, engenheiro ou advogado, o sujeito assumirá uma responsabilidade pessoal e irrevogável. Não é um risco racionalmente aceitável.

Ao primeiro relance – e somente assim –, na nova sistemática da arbitragem, impressionou a não obrigatoriedade da participação do advogado no processo conciliatório, porquanto facultativa (art. 21, § 3º, da Lei nº 9.307). Entretanto, tal faculdade não exclui o advogado do processo arbitral por ser figura que sempre será ouvida nas questões essenciais ligadas à justiça.

A arbitragem é direito ou equidade. Na equidade, impõe-se a demonstração das regras equitativas, por certo, com base jurídica. Ora, a equidade é também princípio da Lei nº 9.099/95, dos Juizados Especiais, o que demonstra essência eminentemente de direito.

Surge a arbitragem, pois, de convenção por termos nos autos (judicial) ou por escrito particular (extrajudicial). Certamente, ninguém entrará em aventura jurídica sem a presença de patrono sob pena de que exatamente assim se defina sua empreitada: aventuresca.

Se a arbitragem visa à resolução célere e eficiente de uma situação, a ausência do advogado pode transformá-la na circunstância preparatória para um problema maior que não mais será passível de resolução extrajudicial. O papel do causídico aí é essencial para prevenir, traçar diretrizes, orientar e garantir o melhor resultado possível e esperado.

Rui Barbosa disse: "Não há outro meio de atalhar o arbítrio, senão dar contornos definidos e inequívocos à condição que o limita". Sim, a arbitragem tem regras, limitações, restrições e trâmites aos quais a parte, muitas vezes insegura e emocionalmente envolvida, não vai compreender e ultrapassar sozinha.

Cabe ao advogado, pela confiança de que se vê investido e pela especialidade técnica de que se reveste, auxiliar seu constituinte nos "contornos" e "atalhos" do arbítrio, apontando-lhe a melhor solução no atendimento de suas aspirações.

Carlos Alberto Carmona, um dos três membros da Comissão Relatora do Anteprojeto da Lei de Arbitragem e autor de diversas obras e artigos a respeito do tema, em lapidar exposição na sua obra, explica que "o advogado exerce, pelo menos, quatro papéis bem definidos no processo arbitral: advogado da parte, consultor da parte, consultor do órgão arbitral e árbitro".

Carmona explica ainda que, no processo arbitral, é exigido mais do advogado do que no contencioso, porquanto as regras são outras: dispensa-se a agressividade que outrora - em juízo - teria sua utilidade; demanda-se com frequência conhecimento da legislação internacional, senão de outros idiomas; e, por fim, há renúncia aos recursos e às manobras procrastinatórias. De fato, o autor conclui que as partes não são obrigadas a nomear advogados, mas pondera: "será difícil, efetivamente, imaginar uma arbitragem de porte médio que seja sem a presença direta e constante de um advogado".

A prudência imporá às partes na arbitragem o socorro a advogados. Ninguém deixará a atuação do causídico a pretexto da utilização do especialista, do perito ou do árbitro pela mesma razão que ninguém pedirá ao farmacêutico, na presença do médico, que lhe examine ou ao encanador, na presença do engenheiro, que projete a rede hidráulica de sua casa. Prudência e bom senso.

Falando em prudência e bom senso, um ponto que merece especial atenção é a cláusula compulsória. Frise-se que o STJ, no julgamento da Americel (REsp nº 450.881), reconheceu a validade da cláusula compromissória e decidiu que, depois de firmada, a parte não poderá desistir da arbitragem e ingressar no Judiciário. Assim, seja na elaboração da referida cláusula, seja ao longo do processo arbitral já instaurado, como sustentar a dispensa do advogado? Se o objetivo é exatamente evitar o ingresso posterior no Judiciário, de que outro modo, senão com o respaldo do advogado, as partes terão segurança para aceitar a proposta da parte adversária e realizar uma conciliação definitiva e bem-sucedida?

Se a parte não quiser implementar a arbitragem, será compelida em juízo (art. 7º, § 3º). É necessária a presença de advogado na hipótese judicial. Acentua-se a atuação do advogado nos depoimentos, nas testemunhas e nas perícias. Não é crível a dispensa do advogado e a utilização dos usos e costumes.

Há, na lei, via de consequência, uma série de hipóteses de presença indispensável do advogado: nulidade de convenção da arbitragem (art. 20, § 1º); ação incidental sobre direitos indispensáveis (art. 25); nulidade da sentença arbitral (art. 33); sentença condenatória arbitral ser título executivo (art. 30). Também a homologação da sentença arbitral estrangeira dependerá de requisição por advogado perante o STJ.

A formação jurídica da discussão arbitral sempre imporá a convocação do advogado, porque, ainda sem recurso ou homologação do laudo em juízo, o debate resvalará para o plano judiciário. As questões postas são importantes, e certamente a presença do advogado é impositiva, e não optativa.

A arbitragem agora veio para ficar. Desafia o passado quando não se consolidou, seja pelas dificuldades inerentes ao importante instituto, pelo pouco tempo de vida da lei (15 anos) ou pela reticência – inexistência – em sua aplicação.

A arbitragem é viável? É importante? Sim. O fato de ter vencido a resistência histórica para se firmar como meio alternativo para a solução de controvérsias no Brasil é prova inequívoca disso. Nada obstante, também os grandes entusiastas que a viam como a panaceia para os males de que padece o Poder Judiciário foram obrigados a aceitar as limitações impostas pela realidade: há longo caminho a percorrer.

As críticas existem e sempre existirão, como também quanto ao Judiciário. Mas elas fortalecem o caráter e ajudam no crescimento.

Na busca pelo ajuste fino, fruto da maturidade perseguida, é pertinente destacar a consciência da importância na escolha do árbitro adequado. No Judiciário, o juiz pode não conhecer a matéria, não ser especialista. Na arbitragem, não. Se há erro dos árbitros, a decisão é irrecorrível. E se a decisão estiver errada? Pode ser corrigida? Muitas vezes, não.

Desde 2011, a Lei nº 9.307 e, portanto, a instituição da arbitragem só têm louvores. O seu exercício e a sua atuação permitiram o visível aperfeiçoamento. Certamente, hoje, muitos advogados participam da arbitragem, ora como árbitros, ora como patronos das partes ou consultores. Daí a importância de que tenham aval para atuar em todas as fases do processo.

A recente popularização da arbitragem no Brasil é um indicativo de mudança de paradigmas sociais. A Ministra do STJ, Nancy Andrighi, escreveu sobre o tema. Afirmava, já em 1996, no artigo "Arbitragem: solução alternativa de conflitos" que "a promulgação da nova Lei de Arbitragem, há muito esperada, abrigou grandes esperanças da comunidade jurídica nacional, no sentido de que a administração da justiça esteja no caminho da democratização".

Sagrada autoridade no assunto, a Ministra Nancy foi relatora de casos exponenciais, *leading cases* submetidos à apreciação do STJ que firmaram as diretrizes a serem seguidas pelo instituto. Ademais, conduziu campanhas nacionais para divulgar a arbitragem e defender seu melhor aproveitamento, especialmente quanto às relações de consumo. Visionária que é, antecipou o papel da conciliação na Copa do Mundo de Futebol.

Essa mudança – da qual a Ministra Nancy Andrighi é uma das mais ilustres precursoras – demonstra evolução cultural do direito que é, qualquer acadêmico o sabe, destinado a garantir a ordem, a paz e a justiça sociais. Ora, a arbitragem, nesse ínterim, compõe o direito como instrumento de manutenção da ordem social.

Na administração da justiça, via de consequência, entra o advogado. Seja por força de determinação constitucional, seja pela imposição do bom senso, seja mesmo para garantir a segurança subjetiva e o conforto emocional do litigante durante o processo de composição.

O futuro se lhe abre adiante tão certo quanto o incerto pode ser. Cheio de promessas. São típicas nos jovens - e a arbitragem não é diferente - a vontade e a crença de poder mudar o mundo. Fazer a diferença, fazer diferente. Desafiar paradigmas. Acreditar que, ao ser percebida pela primeira vez, já está suficientemente madura.

Nessa jornada, a ser seguida por tão louvável instituto, muitos os profissionais e leigos disponíveis e bem-intencionados a assisti-la. O advogado, contudo, vai se sobressair dentre eles.

A presença do advogado na arbitragem, portanto, é a consequência natural da evolução do instituto e de sua radiação no cotidiano da sociedade, de modo a repassar segurança aos envolvidos no processo conciliatório e legitimidade às soluções adotadas.

A mediação é alternativa bastante sugerida.

É necessário educar o estudante de Direito e o advogado para a mediação e a conciliação, não basta a invocação do Código de Processo Civil sair da luta judicial como solução.

## 22. Brigas nunca mais

No início do século XX (década de 1910), houve a célebre briga entre Pedro Lessa e Epitácio Pessoa. Este, em artigo de imprensa, chamava o contendor de cavalgadura, alimária, negro com bigodes de oficial inglês, tudo com pseudônimo. Um pardavasco alto e corpanzudo pernóstico e gabola, raspa a cabeça para dissimular a carapinha, em referência às origens afrodescendentes.

Nunca houve uma total beligerância entre ministros, além da discussão pessoal ou momentânea, nada que não termine em lanche.

Importantes, nos colegiados, o respeito mútuo, a cordialidade e a boa companhia, diretrizes defendidas por Machado de Assis para a Academia Brasileira de Letras (ABL), que valeu para o STF.

Machado de Assis não aprovava o comportamento de Emílio de Menezes, poeta, mas excêntrico, boêmio, insolente, para os gostos do início do século XX. Certa vez, Machado levou, pelo braço, outro escritor, e entraram numa choperia da Rua da Assembleia no Rio. O acompanhante espantou-se porque o grande escritor não bebia, mas ali estava a razão – o retrato do gordo e extrovertido Emílio de Menezes, patrono daquela casa de bebidas. Esse patrono só foi eleito para a ABL após a morte de Machado.

## 23. Conselhos aos advogados

Depois de vagar pelo magistério jurídico, pela advocacia e pelo Judiciário, há muito a informar aos advogados, principalmente aos jovens, iniciantes, cheios de ilusões, projetos, otimismo, mas a realidade é dura porque o advogado é o intermediário entre o cliente e o Judiciário, então depende da decisão alheia, ainda que o advogado seja brilhante, culto, esforçado.

A advocacia tem mudado sua prática nos últimos 50 anos: em uns pontos evolui, em outros involui. Tal circunstância se projeta na vida dos advogados nos tribunais, especialmente no STJ e no STF, nos quais se reflete, de modo diferente dos tribunais ordinários, onde o advogado trabalha intensamente com a prova, os fatos, e os julgadores estão mais perto dos acontecimentos do que os juízes dos tribunais em Brasília. Aqui, ficamos no STF e no STJ, atuantes dentro de limites técnicos e, em princípio, sem revisão de provas e fatos.

O primeiro juiz da causa justa é o advogado, como expressou Henri Robert. Ele é obrigado a seguir paradigmas éticos estipulados no código profissional. Dessa premissa decorre a credibilidade do advogado, o respeito imposto por seu desempenho, seu passado e presente, a boa qualidade do seu serviço.

Para o STF/STJ, é essencial a preparação da causa, na inicial, no início da demanda, a partir da dicotomia infraconstitucional e constitucional, como abordagem e posicionamento, muitas vezes, sob a forma de separação ambígua, porque tratada na lei ordinária e na Constituição (ex. coisa julgada). Para o bom desempenho, é necessária a atualização de conhecimentos, de novas leis, da jurisprudência e, especialmente, do novo Código de Processo Civil, além do uso de linguagem simples, escorreita e objetiva.

A tecnologia tem facilitado a vida do advogado, com o acesso à legislação, à jurisprudência dos tribunais e, principalmente, o processo eletrônico, que permite ao advogado o amplo exame dos autos, sem carga ou retirada, com acesso irrestrito. O advogado deve explorar essa tecnologia e inserir sua atividade nessa facilidade; explorar a boa situação fática em suas manifestações de que seus pronunciamentos serão feitos à luz da presença dos autos à disposição do julgador, isto é, o juiz terá fácil contato com a boa informação dada pelo advogado e a indicação do local da informação, em tempo real.

Há necessidade de boa conduta profissional e social perante os tribunais e, na verdade, em todo o Judiciário, sendo um quesito essencial a urbanidade entre advogados e, particularmente, entre juízes e advogados, como na observação clássica de Piero Calamandrei – o dever de urbanidade impõe ao advogado o respeito aos juízes e aos outros advogados. Calamandrei adverte: "não se pode baixar o nível de uma carreira sem que o nível da outra desça na mesma medida" (CALAMANDREI, p. 54).

Vejamos pontos essenciais da presença do advogado nos tribunais superiores.

Observa-se enorme uso, decorrente da informática, de extensas petições. É claro, não há uma dimensão para a exposição de fatos ou demonstrações legais, podendo ser maiores ou menores, na medida da importância do debate. A crítica se dirige à transcrição de decisões impertinentes ou apenas remissão a óbvias informações, como a citação de autores sobre uma definição conhecida e primária.

Um material de trabalho da mais alta importância é o memorial, como resumo e exposição dos principais fatos, doutrina e jurisprudência aplicáveis ao caso concreto, mas o memorial deve ser o mais sucinto para que seja prontamente lido pelo julgador, pois o tamanho assusta, como afasta o leitor de um livro, ainda que clássico ou importante (ex. *A Montanha Mágica*, de Thomas Mann). Todo memorial deve se abrir com pequeno sumário da questão, em tópicos ou breves linhas, tanto que é resumo, bem como conter a indicação das partes, julgador e, se pautado o julgamento, mostrar em relevo tal informação. Tome-se em conta que os ministros recebem número avultado de memoriais, leva a melhor, e com boa vontade, o breve memorial, objetivo e, do ponto de vista plástico, com poucos caracteres na abertura (DOTTI).

Lembre-se de que enfrentamos a massificação do Judiciário brasileiro, com milhares de demandas, especialmente no STJ/STF, onde não há milagre a atender todos os pleitos, principalmente com uma boa leitura de tão vastas peças. Presença moderna nos tribunais nesse escopo é a importante atuação do assessor do ministro. Aqui fala um ex-assessor no STF, casa que copiou da Suprema Corte dos Estados Unidos a figura do *clerk*, que podemos traduzir para os tribunais como "assessor". Lá, esse personagem tem papel muito importante, tanto que dos atuais nove juízes três foram *clerk*, entre eles o Presidente John Roberts, Neil Gorsuch, Stephen Breyer e Amy Barret. O assessor do tribunal brasileiro, portanto, tem função importante para desmontar a montanha de processos (inseridas no computador) e deve ser um leitor de memoriais e dos autos. Por isso os escritos não são só para os ministros, mas também para os assessores.

Sempre foi dito pelos advogados de fora de Brasília sobre a facilidade de acesso aos ministros nos tribunais em Brasília, entretanto passamos a uma boa vontade sem agenda – há ministros recebendo 20 ou 30 advogados num dia de audiência. A restrição será fatal. O sistema de audiência varia entre os ministros, em horários e tempo de escuta, demora ou não na concessão de data. Por isso essa visita ao ministro deve ser rápida, objetiva e o advogado seguro de um tema, tópico ou circunstância – não precisa fazer sustentação oral no gabinete, o que não é de bom tom, nem simpático, nem o ministro tem tempo. Outro conselho: não é de bom agrado o advogado perguntar sobre a vida do ministro como forma simpática de aproximação. Algo familiar deve vir do magistrado, e não do advogado.

Item importante na vida do advogado é a sustentação oral. Fazer ou não fazer. Em muitos casos, é melhor contar com a diretriz do relator, e ele levará a turma para bom julgamento. Outras vezes, é essencial a sustentação para revelar aspectos e alertar para o principal.

É dispensável a sustentação do óbvio, como revelação da intempestividade do recurso, ou da deserção, fatos sumários na observação do julgador. A sustentação deve ser objetiva, sem discurso ou exaltação, se possível, breve introdução ao tema em debate. Leitura de memorial é a suma antipatia, a demonstração da insegurança do advogado, e afasta a atenção do ouvinte.

Leve-se, em conta que, mesmo quando há desnecessidade da sustentação, existe o valor na presença do advogado na sessão para alertar matéria de fato, como lhe concede o Estatuto da OAB (art. 7º, *x*), a permitir o uso da palavra a qualquer momento.

Aqui se explanaram pequenas observações de antigo advogado no STF/STJ em várias posições (recorrente/recorrido) e até como julgador (TSE). Em qualquer situação, o advogado é obrigado a prestigiar o Judiciário, respeitar os outros advogados, principalmente os adversários, e sempre zelar pelo direito e pela justiça (OLIVEIRA, 2020).

## 24. Conselhos aos magistrados

Aqui não se copia o clássico livro de Piero Calamandrei *Eles, os juízes, vistos por um advogado*.

Ao longo da carreira jurídica, em várias posições, é possível observar ou criticar magistrados, sempre dentro daquela asserção - o advogado é o juiz dos juízes.

De saída, é importante assinalar a seriedade da magistratura brasileira, o alto nível de aperfeiçoamento a partir de rigorosos concursos e seleção exigente, daí podemos sugerir conselhos, mais como experiência na convivência diária, sendo importante segmentar esse contato - juiz, desembargador, ministro. Talvez pela posição hierárquica, cada um tem uma atuação, reação e recepção. O juiz, jovem e iniciante, tem os impulsos do início da carreira, já o ministro passou por várias etapas, situações e pleitos, que lhe dão maturidade.

Há uma grande sintonia entre os juízes de carreira ascendente aos tribunais superiores e ao STF. Como passaram a vida na frente dos advogados, julgando mais perto, eles têm maior abertura de diálogo e recepção. Certa vez, Aliomar Baleeiro, então presidente do STF, em conferência no Instituto dos Advogados do Distrito Federal, afirmou que é mais fácil falar com um ministro do STF do que com um juiz de direito. Possível ou não, depende do juiz, do tipo da vara, da montanha (eletrônico) de processos, enfim, características próprias, mas absolutas. Se puder aconselhar, estude e adquira informação jurídica geral, não só para o caso concreto. Leia e se atualize. Seja breve, se possível, no mundo dos processos. Seja sucinto, e não longo em suas decisões, muitas vezes na repetição do óbvio. Siga a jurisprudência e, se não concordar, ressalve sua opinião, mas adira à maioria.

A sentença (voto) deve ser clara, objetiva, sem grandes divagações, demonstração de cultura. Como disse Aristóteles, "a perfeição do estilo está em ser claro, sem ser raso".

Sigamos os passos de Calamandrei para ver o juiz como o direito tornado homem. Ele é um ser dotado das qualidades e dos defeitos inerentes a todos, mas se espera muito mais do juiz, porque ele tem a sublime missão de julgador dos seus semelhantes, a solução dos conflitos entre os seres humanos, por isso suas sentenças são sempre justas, ainda que o perdedor reclame, discuta.

O juiz é um advogado melhorado e purificado pela idade, e a maturidade lhe dá visão e força para sua ação.

Deve ser pontual e preciso, o advogado e a parte pertencem à sociedade e merecem respeito.

O juiz deve calçar as sandálias da humildade. Ele é respeitado ou pelo poder investido ou por suas virtudes e qualidades, estas prevalecerão quando descalçar a humildade e vestir o pijama.

## 25. Respeito à jurisprudência

A formação da jurisprudência sempre foi preocupante a partir da regra da igualdade, na oferta de decisões uniformes, e não díspares entre tribunais ou juízes, ainda que repositórios, revistas, publicações tentassem e tentem apresentar as decisões judiciais. Hoje é beneficiária do processo eletrônico e da internet (FUX, 2020; CRUZ E TUCCI, 2020; LUCON, 2020).

Em 1963, o STF criou a súmula da jurisprudência predominante, por sugestão e influência do Ministro Victor Nunes Leal, caminho para uma diretriz sobre uma tese ou diretriz. A súmula é uma síntese de uma orientação, pode não ser perfeita ou agrade a todos – é uma posição. A súmula é um sumário.

No curso de Direito da Universidade de Brasília, foi criada a disciplina Análise da Jurisprudência, e lá, por influência do Professor José Pereira Lira, um segmento chamado Direito Sumular.

A súmula vingou, passou às legislações, até fortalecida no Código de Processo Civil (art. 960).

A súmula era meramente persuasiva, de convencimento, de respeito à hierarquia, sem impedir o livre convencimento do juiz. A partir da Emenda Constitucional nº 45, ela, em certas hipóteses, nem sempre é vinculante, de caráter obrigatório.

No Brasil, a informação da jurisprudência, isto é, o acesso aos julgados, tem sido prestigiado pelas revistas especializadas, que, naturalmente, editam os acórdãos com atraso.

No século XIX e início do XX, a grande difusão foi feita pela Revista *Direito*, de J. J. do Monte. Com o surgimento da *Revista do Supremo Tribunal Federal*, na década de 20, surgiu novo alento nessa informação. Entretanto, essa revista, de edição privada, tornou-se um escândalo, porque a editora foi acusada de receber benefícios fiscais para importação de todo o material (papel, tintas de impressão etc.) e desviar essa finalidade em projetos próprios da editora. Morreu. Surgiu em 1957 a *Revista Trimestral de Jurisprudência*, editada até hoje pelo próprio STF. Ao lado, de grande importância e notáveis contribuições, a *Revista Forense* (desde 1904) e a *Revista dos Tribunais* (desde 1912). É claro que o primeiro Regimento Interno do STF (1891) já determinava a publicação de suas decisões no *Diário Oficial* (art. 128, § 19).

Atribui-se, portanto, à escassez de informações a dificuldade na divulgação das decisões dos tribunais e, muitas vezes, a divergência entre julgados sobre a mesma tese e, às vezes, sobre os mesmos fatos. Acreditamos que o mundo informático melhorou essa difusão, e o acesso é expressivo, nos mais longínquos rincões.

A Constituição de 1891 impunha à justiça federal e à estadual a consulta à jurisprudência dos tribunais para a aplicação do direito respectivo (federal ou estadual) (art. 59, III, § 2º).

Como observou Castro Nunes (1943), a inobservância da jurisprudência do STF (que era a segunda instância federal) levava ao recurso extraordinário para corrigir esse desrespeito e tinha como objetivo a uniformização da jurisprudência na aplicação do direito federal.

No processo normativo, há a produção da norma e a sua aplicação. São duas atitudes diferentes porque, ainda que seja importante a relação entre essas duas funções, a primeira surge da técnica legislativa, dentro do processo legislativo, que, além de longo capítulo constitucional, depende de regras internas de elaboração das normas (ex. o manual de redação); a segunda etapa é a da aplicação da norma pelo jurista, especialmente pelo juiz. Este estará diante do dilema ontológico: ser apenas receptor passivo ou integrante da elaboração do direito? O art. 5º da Lei de Introdução às Normas do Direito Brasileiro (LINDB) – Lei nº 13.655, de 25.4.2018 – não abandona o magistrado e o ampara numa colaboração na aplicação do direito porque ele se socorrerá dos fins sociais da lei e das exigências do bem comum (FERRAZ JR., 1997).

Veremos, adiante, as várias etapas do processo decisório judicial e a importante função dos julgados anteriores – que têm várias denominações, como "acórdão", "precedente", "jurisprudência", "súmula" e "direito sumular".

Que é "acórdão"? É a concentração de um julgado. É a forma material da expressão da decisão judicial.

Que é "precedente"? É uma decisão anterior persuasiva para decisões futuras. Não é compulsória; apenas norteará o futuro julgador a seguir aquela decisão. Serve de informação, de simplificação de trabalho. Não é obrigatório.

Que é "jurisprudência"? Significa mais do que o precedente. Pode até ser formada com um precedente. Se o STF, em sessão plenária, ou o STJ, em sessão da Corte Especial, decide num julgamento, em um processo sobre determinada tese, ali estará a jurisprudência. É claro que o prestígio dessa jurisprudência será maior com a ratificação de outros julgados. Não sendo julgamento de órgão plenário, somente pode se entender a jurisprudência com a consolidação de julgados reiterados.

Que é "súmula"? Esta reflete a jurisprudência de um tribunal ou de uma seção especializada autorizada a emitir a consolidação (v. voto do Ministro Carlos Mário Velloso sobre conceito de súmula na ADIn nº 594 (*RTJ* 151/20).

Que é "direito sumular"? É o reflexo do direito emanado de súmulas de um tribunal.

Concluímos, então, que não importa o nome quando o tribunal fixa entendimento e diretriz. É a chamada força vinculante da decisão, pouco importa o nome – orientação, precedente, jurisprudência, súmula. Como afirma Calmon de Passos, seja o que for, obriga porque repugnam decisões diversas, baseadas em interpretações diversas, sobre a mesma regra jurídica. Como observa a Ministra Ellen Gracie Northfleet (1996), a maioria das questões trazidas ao foro, especialmente ao foro federal, são causas repetitivas, em que, embora diversas as partes e seus patronos, a lide jurídica é sempre a mesma. Há conteúdo compulsório em tudo isso, portanto a obediência a essas decisões, por todos os níveis.

Dirão: mas há liberdade do juiz em decidir! Verdade. Mas o verbete de uma súmula somente será decisivo depois de muito debate – por isso foi sumulado. A liberdade judicial, apanágio do Estado democrático, se dirige às novas questões, a novas leis, aos temas em aberto. Aí, sim, o juiz, com sua livre decisão, prestará notável serviço à justiça.

Quais são os percalços da súmula? A súmula pode ser perigosa se elaborada com defeito. A lei também, e há leis inconstitucionais e decretos ilegais. A súmula pode ser mal redigida? A lei também.

O que é sumulado? Somente teses controvertidas, e não de textos legais eventuais (ex. tributação anual). A súmula pode não adotar a melhor tese, mas oferece norte e segurança, ao contrário da vacilação de julgados, ora numa corrente, ora noutra direção.

A súmula sofre o mesmo processo da legislação, isto é, alteração por nova interpretação e, principalmente, nova legislação, alterando aquele enunciado. Hoje notamos essa influência com o novo Código Civil (de 2002), que altera várias súmulas do STF (Súmula nº 165: compra pelo mandante, alterada pelo art. 497; Súmula nº 494: venda do ascendente ao descendente, art. 496; Súmula nº 377: comunhão de aquestos, art. 1.672, todos do Código Civil de 2002).

A importância da súmula está consagrada.

A Lei nº 8.038/90 (art. 38) permitiu ao relator negar seguimento a recurso contrário à súmula do respectivo tribunal (art. 557 do CPC). No art. 475, § 3º, do CPC (redação de Lei nº 10.352, de 26.12.2001), não há sujeição ao duplo grau de jurisdição nas sentenças de interesse da União, do estado, do município se a sentença estiver fundada em jurisprudência do plenário do STF ou em súmula do STF ou do tribunal superior competente.

Questão muito debatida, e extremada de opiniões, é a da súmula vinculante. O que significa?

O processo de elaboração de uma súmula é exaustivo, depende da existência de pronunciamento único (mas expressivo) ou então da reiteração. O debate sempre foi longo, até a edição. Para a vinculação dessa súmula a julgados futuros, há necessidade de processo especial, de maior debate, porque aquele verbete será aplicado automaticamente. Então, a chamada súmula vinculante não pode ser, e acredito que não será, fruto de uma decisão aligeirada, rápida, e muito menos será a vinculação de qualquer decisão de um tribunal. Não basta o STF reunir-se, decidir, que automaticamente todas essas decisões serão vinculantes. Se as súmulas atuais decorrem de um lento e burocrático procedimento, imagina-se mais ainda para a súmula vinculante.

Ao lado dessa expressão, outra aparece: súmula impeditiva de recursos, isto é, a impossibilidade de interposição de recurso se a decisão recorrida estiver apoiada em súmula do STF (art. 932, IV, *a*, do CPC). Essa hipótese minora a recorribilidade contra orientação assentada do STF, no entanto permite ao juiz discordar da súmula do STF. O juiz pode não a aplicar, ao pretexto de não se adequar à hipótese, de ser outra a matéria; no entanto, parece total inversão hierárquica a não vinculação.

O efeito vinculante já foi consagrado na Emenda Constitucional nº 3/93, ao estabelecê-la, quanto às decisões definitivas de mérito, nas ações declaratórias de constitucionalidade (nova redação do art. 102 da CF/88, acrescentando o § 2º).

Destaque-se, ainda, o disposto no § 2º do art. 102 da Constituição Federal:

> Art. 102 [...]
> § 2º As decisões definitivas de mérito, proferidas pelo STF, nas ações diretas de inconstitucionalidade e nas ações declaratórias de constitucionalidade produzirão eficácia contra todos e efeito vinculante, relativamente aos demais órgãos do Poder Judiciário e à Administração Pública direta e indireta, nas esferas federal, estadual e municipal. (Redação dada pela Emenda Constitucional nº 45, de 2004) (Vide ADIN 3392)

## 26. Pressões e contratempos desde 1890

Ao longo da história do Supremo Tribunal Federal, a Corte sofreu pressões e contratempos políticos, todos surgidos por injunções internas ou agitação exterior a entrar no recinto, e seus membros não podem fugir porque solicitados dentro da regra: o juiz fala por provocação, e não de ofício.

Nos primeiros momentos republicanos no governo Floriano Peixoto, por iniciativa profissional de Rui Barbosa, a Corte enfrentou *habeas corpus* contra atos governamentais graves. Como sempre acontece no mundo dos boatos, hoje *fake news*, espalhou-se uma suposta fala de Floriano: se o Supremo concedesse *habeas corpus*, quem daria *habeas corpus* ao Supremo? A origem é boa, a veracidade duvidosa.

Mais adiante, a Corte decidiu sobre a dualidade de mesas diretoras da Câmara do Rio de Janeiro e comunicou ao presidente da República. Este – Marechal Hermes –, por seu ministro da Justiça, insinuava o não cumprimento da decisão por achá-la errada. O assunto voltou ao STF, e Pedro Lessa, como ministro relator, respondeu duramente, não aceitando a lição.

Por motivos políticos, Getúlio Vargas, em 1931, aposentou cinco ministros do STF. Tremenda pressão e ruptura institucional. A Constituição de 1891 não estabeleceu idade para a compulsória e adotou o sistema americano – enquanto bem servir. Já a Constituição de 1934 estabeleceu a idade limite de 75 anos, mas a Constituição de 1937, ditatorial e outorgada por Vargas, estabeleceu 68 anos, assim atingindo quatro ministros, na hora, afastados compulsoriamente.

Em 1954, o Presidente Vargas suicidou-se. Assumiu o Vice-Presidente Café Filho, que, em 1955, sofreu infarto. Assumiu a Presidência da República o presidente da Câmara dos Deputados, Carlos Luz. Café Filho, curado da enfermidade cardíaca, pretendeu a volta ao cargo, mas foi impedido. Foi ao Supremo, com mandado de segurança, denegado por maioria, porque o Ministro Ribeiro da Costa concedia a ordem. Tudo isso sob grande pressão política e militar.

Em 1963, o governador do Estado da Guanabara, Carlos Lacerda, enfrentou arguições de inconstitucionalidade contra leis governamentais estaduais no STF. O Ministro Ary Franco, como relator, concedeu liminar (tutela) suspensiva dos efeitos dessas leis. O governador Lacerda agrediu verbalmente o relator e arguiu a suspeição e o impedimento de cinco ministros (DULLES, Carlos Lacerda).

Ainda em 1963, a Corte enfrentava a discussão sobre a inelegibilidade de cabos e sargentos, categorias muito influentes para o mundo político. O STF negou a elegibilidade e encontrou imensa pressão, que acarretou a detenção do Ministro Victor Nunes Leal (1963), por horas, mas autêntico constrangimento (MELO FILHO, 1997; VILLA; LINS E SILVA; STEPAN; SKYDMORE).

Sem dúvida, o período militar, logo após 1964, foi dramático, com ameaça de fechamento do tribunal, cassação ou aposentadoria dos ministros e até ameaça de execução do presidente do STF, Ribeiro Costa (GASPARI, A Ditadura envergonhada).

Com a edição do Ato Institucional nº 5/1968, agudizou-se a pressão, culminada, em fevereiro de 1969, com a aposentadoria de três ministros (Victor Nunes Leal, Hermes Lima e Evandro Lins e Silva), tal qual levou o presidente de então, Ministro Gonçalves de Oliveira, a requerer a aposentadoria como protesto, principalmente, contra seu velho companheiro Victor Nunes (VILLA), e essa aposentadoria do Ministro Gonçalves de Oliveira foi um protesto, como afirma o jornalista Elio Gaspari:

> Da Corte saiu o único caso de protesto do período [...] foram os únicos funcionários de alto nível dos poderes republicanos a se valer do espírito de renúncia para impedir o prosseguimento da confusão entre a história do regime e suas biografias. (GASPARI, p. 228)

A pressão era grande. Com essa renúncia, foi eleito o Ministro Adalício Nogueira, que recusou, e foi eleito o Ministro Osvaldo Trigueiro.

Novamente, a Corte voltou às pressões com a concessão de *habeas corpus* a Miguel Arraes, ex-governador de Pernambuco, Francisco Julião, líder de movimentos campesinos em Pernambuco, então os mais atingidos pelo movimento militar, e a concessão de *habeas corpus* ao governador de Goiás, Mauro Borges, antecedida de pioneira liminar do Ministro Gonçalves de Oliveira de suspensão de qualquer medida. Sobre Miguel Arraes, noticiou o jornal *Correio Braziliense* (21.4.1965): "Militares aceitam *Habeas Corpus*, mas não soltam Arraes" (CHAGAS; LINS E SILVA; GASPARI, A Ditadura envergonhada).

Muito se falou da força altiva e política do então presidente do STF, Ministro Ribeiro da Costa, ao enfrentar pressões contra a Corte com uma versão – entregaria as chaves do Supremo no Palácio do Planalto. A origem é boa, a veracidade nunca foi afirmada.

De 1966 a 1988, o procurador-geral da República detinha a legitimidade única para a arguição de inconstitucionalidade de leis (representação, hoje, ação direta de inconstitucionalidade). Foi editada medida legislativa sobre a censura pública. Um partido político arguiu a inconstitucionalidade, porém o procurador-geral da República (único titular da propositura) não encaminhou, e o partido interpôs recurso ao Plenário do STF, que não o admitiu. Nessa sessão, o Ministro Adauto Cardoso discordou dessa diretriz e, em protesto, comunicou sua aposentadoria, retirou-se da sala educadamente, ao contrário de inverídica informação de que ele jogara a capa no chão (VILLA).

Em 1864, o Imperador Pedro II aposentou quatro membros do Supremo Tribunal de Justiça. Em protesto, o presidente do Tribunal, Barão de Monserrat, renunciou à Presidência.

Em 1891, já na República, o Presidente Floriano Peixoto nomeou um general e um médico para o STF, com o pretexto de que a Constituição apenas mencionava notório saber, sem o "jurídico" introduzido pela Constituição de 1934, até hoje. Esses nomeados e empossados julgaram por um ano até a rejeição pelo Senado. Hoje a aprovação é prévia.

Em 31 de março de 1964, o presidente do Senado Federal, Auro Moura Andrade, declarou vaga a Presidência da República. A ordem sucessória cabia ao presidente da Câmara, Ranieri Mazzili. Quem deveria empossá-lo? Buscaram o presidente do STF, Ministro Ribeiro da Costa, que declarou a posse (VIANA FILHO, 1975; MELO FILHO, 1997; GASPARI, A Ditadura Envergonhada).

Em 1964, o presidente do STF concedeu uma entrevista com críticas a uma proposta do governo de ampliação do número de ministros do STF de 11 para 16. Em resposta, o ministro do Exército, Costa e Silva, em solenidade militar, atacou o presidente do STF, e o tempo esquentou (LIRA NETO, 2019; VIANA FILHO, 1975; REGO, ANO; GASPARI, A Ditadura Envergonhada).

Em 1965, o STF concedeu *habeas corpus* a Miguel Arraes. A autoridade militar, ciente da concessão, transferiu o preso de Fernando de Noronha para a Fortaleza de Santa Cruz, no Rio de Janeiro. O general encarregado se negou a cumprir a decisão do STF, e o presidente da Corte, Ministro Ribeiro da Costa, expediu mandado de prisão contra esse general. A crise era tão grande, que o Presidente Castelo Branco reuniu o general e o presidente do STF e tudo ficou resolvido – Arraes foi solto (LIRA NETO, 2019; VIANA FILHO, 1975; GASPARI, A Ditadura envergonhada).

A Constituição de 1934 estabelecia a idade compulsória de 75 anos, reduzida para 68 anos pela Constituição de 1937 para aposentadoria de Ministros.

No dia 18 de fevereiro de 1931, o Presidente Getúlio Vargas aposentou cinco ministros do STF e friamente registrou em seu Diário: "Aposentadoria dos ministros do Supremo" (Diário, vol. I/48). Tal atitude mereceu o protesto do Ministro Hermenegildo de Barros, mais tarde aposentado (em 1937, por força da redução da idade na Constituição). Da mesma forma comportou-se em 1937, quando reduziu a idade compulsória para 68 anos (era 75), e assim afastou os ministros do STF com a singela referência: "Assinei os decretos referentes à Justiça e ao Tribunal de Contas decorrentes da nova Constituição. Nomeei dois Ministros para o STF, em virtude da aposentadoria do presidente e do vice do mesmo" (Diário, II/84).

Com todas as pressões, a Corte enfrentou-as. Muito perseguido, o Presidente Juscelino. A polícia fez um inquérito sobre o ex-presidente e pedia o sequestro do apartamento, residência de Juscelino no Rio de Janeiro. Encaminhado ao STF, a Corte, por unanimidade, rejeitou e arquivou o inquérito (MONTELLO).

## 27. A ignorância sobre o Judiciário

É indiscutível o desconhecimento do brasileiro sobre a história das instituições em razão da falta de cultura e de cultivo de tradições. A pior parcela fica para o Judiciário, ao contrário da ampla doutrina sobre a Suprema Corte americana, vide os inúmeros livros americanos sobre John Marshall ou Oliver Holmes para atestar a importância daquela instituição na vida americana em comparação ao alheio brasileiro (HOLANDA – que criticava o excesso de bacharéis).

Aliomar Baleeiro, então Ministro do STF e professor da Universidade de Brasília, proferiu uma série de palestras sobre o Supremo, enfeixadas no livro *O Supremo Tribunal Federal, esse outro desconhecido* (1968).

O STF, no Império, não teve relevância porque seu sistema de julgamento era confuso, porque, como corte de cassação, examinava e remetia a outro tribunal. Imagine-se a demora e a distância entre o tribunal de origem, a Corte no Rio de Janeiro, e o outro tribunal!

Em 1891, Rui Barbosa buscou o modelo americano de Corte Suprema, mas muito mais amplo e de segunda instância. Mas foram os *habeas corpus*, no governo Floriano, que deram nome e prestígio à Corte.

Não vale a afirmativa sempre repetida da fala de João Mangabeira, em livro sobre Rui Barbosa, de que o Supremo foi o poder mais falho na Primeira República (1889-1930). Todos eram fracos.

Com a Constituição de 1946, a Corte examinou a edição de constituições estaduais, principalmente do Rio Grande do Sul, que instituía o regime parlamentarista, mas a Corte declarou a inconstitucionalidade (1947).

Com a Emenda Constitucional nº 16/1965, foi instituído o controle concentrado de constitucionalidade por meio da representação da Procuradoria-Geral da República, em vigor até 1988.

Novamente, a Corte examinou as adaptações estaduais à Constituição de 1967, sendo algumas imensas, como a do Rio Grande do Sul, que levou várias sessões de julgamento.

O STF nunca teve vocação para a ação penal originária (deputados, senadores etc.) porque a instrução é demorada e difícil.

Até 2004, o STF só condenou um parlamentar, o deputado Chico Pinto, que fizera discurso agressivo ao presidente do Chile, Augusto Pinochet (1974).

A dificuldade da tramitação da ação penal originária se revelou na Ação Penal nº 470, nominada como mensalão. Inúmeros réus, penas, análises de fatos. Nos Estados Unidos, até o presidente da República é julgado pelo juiz da primeira instância.

A informação sobre o Judiciário nasceu muito mal, com a chegada de D. João. O historiador João Ribeiro, p. 326 descreve: "parecia-se volta àquele tempo em que frei Manuel do Salvador dizia serem quatro caixas de açúcar as bastantes para vergar a vara da justiça".

## 28. A advocacia. O acesso aos tribunais

A presença do advogado na vida pública brasileira e na construção da nação brasileira é histórica. Os grandes líderes e chefes políticos, desde 1807 (chegada de D. João), eram bacharéis formados em Coimbra, ao lado de poucos sacerdotes e médicos. Vimos, em 1827, na fundação dos cursos de Olinda e São Paulo, os professores oriundos de Coimbra.

Dentro dessa formação, alguns foram para a advocacia ou para a magistratura, tanto que, em 1843, foi fundado no Rio de Janeiro o Instituto dos Advogados Brasileiros, tendo à frente Montezuma, bacharel por Coimbra e advogado. Dos presidentes do Brasil, 14 eram bacharéis.

Em 1930, consolidou-se a importância do exercício profissional com a criação da Ordem dos Advogados do Brasil, e teve seus momentos na edição das Leis nº 4.215 (1963) e 8.906 (1994), ambas Estatuto da Advocacia, com direitos e obrigações, e norte para a atividade advocatícia.

A advocacia brasileira tem mudado, assim como a sociedade, e o advogado é ator e protagonista dessas mudanças, por isso ele se adapta.

No Império e na República, a advocacia era individual, artesanal. Mais recente, o advogado foi obrigado a expandir suas atividades e, com isso, colaboradores, assessores, colegas, chegamos à sociedade de advogados iniciada em 1940 pelo advogado paulista J. M. Pinheiro Neto, e hoje há grandes sociedades com número avultado de participantes (advogados, estagiários e auxiliares). Não nos impressionemos porque o pequeno escritório ainda é a regra brasileira em razão do seu fácil acesso, menor custo e maior confiabilidade no dia a dia. O cliente tem contato direto com o advogado, aceita sugestões e vê o seu trabalho, enquanto, no grande escritório, na grande sociedade, esse trabalho individual se perde diante de tantos atores.

O chamado quinto constitucional surgiu na Constituição de 1934, dentro de uma abertura corporativista, de representação de classes. Esse quinto dos tribunais correspondia a um número a ser preenchido por advogados e membros do Ministério Público, então, para os advogados, é metade do quinto, e no STJ 1/3 da composição.

As indicações eram feitas pelos tribunais de justiça, em lista tríplice, e o governador fazia a nomeação. No antigo TFR, a nomeação era feita pelo presidente da República, diretamente, sem lista.

Com a Constituição de 1988, para todas as vagas de advogado, a escolha começa na OAB local (vagas estaduais) e as federais (TRF, TST, STJ), no Conselho Federal.

Ao longo desses anos, há muitas defesas do quinto, especialmente destinada a advogados, e críticas, até pela extinção.

Nos estados, há muita reclamação da classe dos advogados porque muitos daqueles investidos se afastam da categoria, não recebem advogados, reduzem honorários, tudo aquilo perseguido quando o investido era advogado. Na prática, encontramos aqueles atenciosos e outros não. Não cheguemos ao ponto de compromisso do ex-advogado, agora desembargador, em total submissão à classe, porque ele é juiz, e não mais advogado. De qualquer forma, ele sempre agirá com paciência e tolerância com sua antiga classe, porque sabedor dos sacrifícios, dificuldades e desejos do defensor.

## 29. A literatura jurídica brasileira

Há muitos escritos jurídicos no Brasil, principalmente com finalidade didática. Dificilmente, encontramos escritores profissionais com obra doutrinária densa.

No Império, tivemos obras de destaque a partir de Pimenta Bueno (*Direito Público Brasileiro*, 1857). Os trabalhos de Paula Baptista (Recife) sobre processo civil; do conselheiro Ribas no Direito Civil e de Lafayete Rodrigues Pereira no Direito de Família.

No Império, houve dois destaques jurídicos: Teixeira de Freitas e Tobias Barreto. Na verdade, ambos não pretendiam obra sistemática jurídica, mas, sim, escritos valiosos e seminais.

Teixeira de Freitas consolidou as leis civis, depois redigiu o *Esboço*, com vistas a um código civil, frustrado no Brasil, mas amplo prestígio e uso no Código Civil argentino e em sua doutrina.

Tobias Barreto foi o grande jurisfilósofo no Império. Suas obras têm uma carga afirmativa e funda-se numa doutrinação alemã.

No início do século XX, Pedro Lessa desenvolveu a doutrina da filosofia do direito em esplêndido livro.

Rui Barbosa não compôs uma obra sistemática jurídica, e, sim, em notáveis fragmentos, posteriormente editados pela Casa de Rui Barbosa (Rio) como obras completas. Homero Pires coligiu escritos de Rui e os editou como *Comentários à Constituição Federal Brasileira* (6 volumes), mas Rui nunca escreveu esses comentários sistematicamente.

Os comentaristas das várias constituições brasileiras trouxeram notáveis ensinamentos e esclarecimentos, como João Barbalho (1891), Carlos Maximiliano (1891) e Pontes de Miranda (1946, 1967).

Com o Código Civil (1916), surgiram os comentários a partir do clássico e objetivo de Clóvis Beviláqua, autor do projeto do Código Civil.

Carvalho Santos fez os comentários ao Código em volumes.

O Direito Comercial teve em Carvalho de Mendonça e Waldemar Ferreira grandes sistematizadores e profundos, este com o seu *Tratado*.

O Direito Penal teve Nelson Hungria e Roberto Lyra, dois grandes doutrinadores, e os paulistas Basileu Garcia e Magalhães Noronha e Heleno Fragoso (Rio).

O Direito Administrativo tem seu ponto alto em Hely Lopes Meireles, com seu curso. Ele conseguiu sistematizar todo o Direito Administrativo brasileiro, então muito fundo na ciência da administração, de conteúdo francês.

Destaque-se, na filosofia do direito, a obra de Miguel Reale.

Há importância em duas obras (raras) sobre o Poder Judiciário: Pedro Lessa (1915) e Castro Nunes (1943).

De todos, devemos destacar o grande Pontes de Miranda. Se escrevesse em espanhol, seria o maior jurista do mundo. Consagra-o o *Tratado de Direito Privado*, em 60 volumes. O subscritor não conhece nenhuma obra tão numerosa, não só no mundo jurídico internacional, com tanta densidade, escrita por um só.

No Processo Civil, o ponto alto foi a obra de José Carlos Barbosa Moreira.

Falei de juristas já desaparecidos, não esquecido dos novos e atuais de grande colaboração no mundo jurídico. Não é omissão, apenas falta de espaço, para tantos juristas brilhantes.

## 30. A literatura brasileira sobre o Judiciário

Há poucos trabalhos doutrinários sobre o Judiciário e seus vultos, ao contrário dos biógrafos americanos, autores de alentados trabalhos sobre a Suprema Corte americana, biografias e membros daquele tribunal – do conhecimento deste autor, somente sobre John Marshall há inúmeros livros.

Aqui trataremos de livros sobre o Judiciário e seus membros, não artigos, excelentes e publicados isoladamente.

Há dois livros expressivos sobre o Judiciário – de Pedro Lessa (1915) reeditado pelo Senado Federal, com apresentação de Roberto Rosas; do antigo ministro do STF Castro Nunes – *Teoria e Prática do Poder Judiciário* (1944). O antigo desembargador de São Paulo e ministro do STF Mário Guimarães editou *O Juiz e a Função Jurisdicional.*

Lenine Nequete, antigo juiz no Rio Grande do Sul, editou *O Poder Judiciário no Brasil* (cinco volumes, 1967). Há reedição em 1990, com atualização de Roberto Rosas.

Leda Boechat Rodrigues, historiadora do Rio de Janeiro, antiga servidora do STF, escreveu a expressiva *História do Supremo Tribunal Federal* (quatro volumes).

Vladimir Passos de Freitas, ex-juiz federal e desembargador do TRF/4, editou *Justiça Federal - Histórico e Evolução no Brasil.*

Arno Wehling, do Instituto Histórico e Geográfico Brasileiro e da Academia Brasileira de Letras, editou para o período colonial *Direito e Justiça no Brasil Colonial.*

Importante o trabalho de Aliomar Baleeiro *O Supremo Tribunal, esse outro desconhecido.*

Emilia Viotti da Costa, historiadora paulista escreveu *O Supremo Tribunal Federal e a Construção da Cidadania.*

Sobre vultos do Judiciário, somos pobres de biografia, ainda que muitos tenham se destacado e não tiveram guarida na bibliografia.

## 31. Influências estrangeiras no direito brasileiro

Certamente, o jurista brasileiro se aproveitou dos ensinamentos das fontes jurídicas estrangeiras. É comum encontrarmos na legislação brasileira a influência estrangeira e certamente acontece na doutrina, principalmente durante o Império.

O Direito Civil buscou suas fontes no Código Civil francês (Código Napoleão), de 1804, e no Código Civil português, de 1867, elaborado pelo Visconde de Seabra. Essa filiação voltou com o Código Civil português de 1966.

No Direito Constitucional, a Constituição francesa influenciou a Constituição de 1824, e a republicana de 1891 foi forte no direito americano por orientação de Rui Barbosa, grande mentor daquele texto e orientação. Já a Constituição de 1934 recebeu as diretrizes da

Constituição de Weimar. E a Constituição de 1988 foi buscar muitas diretrizes da Constituição de Portugal e Espanha, ambas após os regimes ditatoriais, como ocorreu no Brasil.

O processo civil calcou-se na doutrina e legislação francesas, inclusive o Código de Processo Civil brasileiro de 1939.

Com a chegada a São Paulo de Enrico Tulio Liebman, renomado professor italiano que aqui exerceu grande influência, até na criação da escola paulista de processo, e em Alfredo Buzaid, autor do anteprojeto do Código de Processo Civil de 1974, que mudou nossa diretriz para o segmento italiano.

Na doutrina, os grandes processualistas Giusepe Chiovenda, Carnelutti e Piero Calamandrei dominaram e ainda influenciam os processualistas brasileiros.

O Direito Comercial recebeu grande influência de Túlio Ascarelli, professor italiano radicado em São Paulo.

Muitos institutos comerciais foram trazidos dos Estados Unidos (*leasing*, alienação fiduciária em garantia).

O Direito Administrativo clássico buscou no direito francês, até a entrada do direito italiano e seus doutrinadores. Na influência francesa, há muita confusão entre Ciência da Administração e Direito Administrativo.

O Direito Penal buscou em Beccaria (*Dos Delitos e das Penas*), doutrinador italiano, numa linha garantista.

## 32. A Constituinte de 1987. A Constituição de 1988

O Brasil teve seis Constituintes: 1823, 1891, 1934, 1946 e 1967. Foram convocadas ou instaladas no desejo da redação de uma Constituição. Geralmente, partiram de um anteprojeto, assim 1823, mas nessa o Imperador Pedro I dissolveu a Assembleia e outorgou a Carta de 1824.

Em 1987, o Presidente da República José Sarney desejou a elaboração de uma nova carta, não como convocação de constituinte, mas transformar o Legislativo em elaborador do novo texto. Os deputados e senadores, eleitos em 1986, junto com os senadores com mandato, transformaram-se em constituintes.

Não houve um anteprojeto, apesar de haver um texto aprovado na chamada Comissão dos Notáveis, formada pelo Presidente José Sarney e presidida pelo senador Afonso Arinos. Os constituintes não adotaram o texto e passaram a elaborar outros a partir de comissões temáticas e setoriais, como poderes (Judiciário), direitos fundamentais etc. A partir desses últimos, houve a condensação em novos textos e, finalmente, o texto único submetido à Comissão de Sistematização. Em conclusão, este foi aprovado em 5 de outubro de 1988.

Duas figuras foram fundamentais: Ulysses Guimarães, presidente da Câmara dos Deputados, e Bernardo Cabral, relator geral. Ulysses foi o pai da nova Constituição (CARDOSO, 2020).

Muitas pressões, exigências, forças, ideologias, contestações, mas foi importante esse confronto.

Foi um debate expressivo e fundamental para o Estado de direito após 20 anos de opressão e restrições.

A Constituição de 1988 é perfeita? No conjunto é, dentro das limitações de um debate e do confronto de inúmeros interesses.

Há destaque para o artigo 5º (direitos fundamentais) numa enumeração, criticada pela extensão, mas exigida naquele momento (CORRÊA; CARVALHO, 1988; PILATTI).

## 33. Berços do mundo jurídico: São Paulo e Olinda

Em 1827, a Câmara dos Deputados se debatia na criação de cursos jurídicos em substituição à antiga tradição coimbrã, de onde vieram nossos juristas (magistrados, advogados, professores). Com a certeza da necessidade, a discussão se centrou na localização desses cursos, preponderou a necessidade de locais tranquilos sem agitação social ou urbana, sem grandes atrativos sociais, fora, portanto, Rio ou Salvador, grandes metrópoles (no tempo). Vingou, então, São Paulo e Olinda.

Com os professores oriundos de Coimbra, São Paulo formou a primeira turma em 1831 e, logo, esses egressos assumiram posições de relevo na vida imperial.

O Império foi dominado pelos bacharéis, que ocuparam as mais relevantes funções no parlamento e no governo.

A escola paulista foi fértil nessa ocupação, fruto da proximidade da capital imperial, o Rio de Janeiro. Na academia paulista, foram formados brasileiros de todos os rincões e cidades distantes, até do Rio de Janeiro, porque somente em 1891 foram criados os cursos na capital.

De Pernambuco voltam as reminiscências ao estudo da história quando a professora insistia que Pernambuco foi a mais próspera das capitanias hereditárias, ao lado de São Vicente. Sem saber exatamente o significado de hereditária, o menino aprendeu que o capitão-mor, outra palavra complicada para o mundo infantil, fora Duarte Coelho, que naquela vasta capitania edificaria os primórdios de uma civilização rural, com a cultura da cana-de-açúcar. Duarte Coelho tivera largo espaço para sua capitania, desde a foz do Rio São Francisco, portanto, desde Sergipe até os limites da atual Paraíba. Ali solidificara uma riqueza que os séculos não apagaram, com características sociais e políticas interessantes, cuja fonte inicial encontramos em Joaquim Nabuco, ao descrever o engenho Massangana, em seu livro *Minha Formação*, engenho ainda mantido pelo Patrimônio Histórico na cidade do Cabo, a poucos quilômetros de Recife. Em Gilberto Freyre vamos encontrar a confirmação do progresso da civilização da cana-de-açúcar, do senhor de engenho, nitidamente patriarcal, que em Pernambuco é bem mais acentuado, pelo apreço feminino dos pernambucanos, até a coragem indômita do sertanejo, que se irradiou para os filhos da área urbana.

Nesse ponto, é bom frisar uma característica bem pernambucana da bravata e da coragem do pernambucano, herança do desbravador do sertão, da caatinga, das lutas com o cangaço. Pernambuco é muito mais lusitano – na conservação dos caracteres sociais – do que africano ou de qualquer outra assimilação social. É lusitano na alegria do frevo, do passo alegre, que se irradiou por todo o Brasil, na disputa da alegria do samba, rivalizando com o carnaval carioca. É lusitano na palavra popular do cordel e do desafio dos cantadores das feiras e das cidades, ricos de improviso, de fazer inveja a qualquer homem culto, sem a verve e o repente do cantador. O desafio é nitidamente do cantar popular português. A literatura de cordel é muito mais rica e alegre do que qualquer poesia por sua espontaneidade e presença, lembrando os últimos acontecimentos sociais e políticos e até as tragédias. Lembre-se de eleições, como Pernambuco foi inundado pelos folhetos da literatura de cordel, picarescos, mundanos, alegres.

Pernambuco dos poetas como João Cabral de Melo Neto e Mauro Mota, ambos forrados do mundo que os cerca, sempre lembrado da imagem riscada por esse grande pernambucano que foi Joaquim Nabuco – a infância é todo o traço da vida.

Em Pernambuco dos grandes engenhos e das grandes plantações, ao lado de cidades colocadas entre as 100 maiores do Brasil. Recife, das pontes e do Rio Capiberibe, das praias e da sua histórica Faculdade de Direito, que joga sua história de anos de vida, enlaçada com as suas origens em 1827, no Mosteiro de São Bento, naquela cidade monumento que Duarte Coelho fundou no século XVI e até hoje se ergue ao alto numa visão deslumbrante de séculos de civilização, que não foram apagados pela luta contra os holandeses. Pelo contrário, Pernambuco se alteou contra o invasor holandês, e o século XVI traz a marca histórica do lançamento de uma ideia nacionalista, do Brasil brasileiro, que se consolidou em 1822. Pernambuco trouxe essa contribuição pioneira na luta contra os holandeses, quando a população recifense montou barricadas, guerrilhas e lutou corpo a corpo contra a poderosa esquadra holandesa, que, numa manhã ensolarada, se postou em frente a Olinda. A inerme população partiu para a luta, atingindo o inimigo e, de luta em luta, glorificou-se no Monte Guararapes, hoje transformado em monumento nacional porque ali nasceu a ideia da defesa da pátria pelos próprios brasileiros.

Pernambuco dos pintores, talvez discípulos diretos da escola holandesa, chefiada por Franz Post, cujos quadros revelam Recife e Olinda no século XVII e hoje se encontram em grande parte no Museu L'Hermitage, de San Petersburgo, na Rússia, e no Museu Ricardo Brennand, Recife, Pernambuco. Pintores como Cícero Dias, Vicente do Rego Monteiro, Lula Cardoso Aires e Reynaldo Fonseca. Todos com um traço característico, ainda que clássico, de sabor bem pernambucano.

Pernambuco da tradição política, dos grandes líderes do Império, Joaquim Nabuco e José Mariano, até nossos dias grandes pugnas eleitorais. Agora ouçamos a frevança.

A vida jurídica nasceu em Olinda, mais precisamente no Mosteiro de São Bento. Ali, entre velhas escrituras e opulentos tratados de direito canônico se construiu a mentalidade dos criadores da vida política do Império e dos acadêmicos do direito. Os formadores de opinião dos dirigentes dos dois partidos imperiais: Eusébio Queirós, Paula Batista, Nabuco de Araújo, Saldanha Marinho, Teixeira de Freitas e Zacarias de Góis. Dali, surgiu a luz espargida pelo Brasil nação, pelo Brasil político, pelo Brasil unido e íntegro. Raros foram os políticos e homens de Estado que em 150 anos de vida pública brasileira não saíram da Escola de Direito.

Até 1946, os grandes homens públicos, os mentores da vida brasileira, tiveram como antessala a Faculdade de Direito. Do momento em que se apartaram dessa formação histórica e fundamental, do apego ao direito, do respeito à Constituição e à normatividade, caímos na tecnocracia, no frio dos números e da nova linguagem do economês, do lucro sobre o social, sobre o conveniente, dos resultados sobre o bem-estar, sobre a justiça social. A sociedade brasileira está no caminho da legalidade, da trilha democrática com uma Constituição, a mais debatida, a mais apreciada, a mais democrática na propositura e na discussão, por isso surgem preocupações no seu cumprimento, no respeito aos seus princípios, não somente na exigência dos direitos, mas também cada cidadão cumprindo seus deveres, suas obrigações, desde as mais elementares até o sagrado dever de respeito às instituições, ao trabalho, às ideologias e, antes de mais nada, à democracia. Não nos descuidemos do papel individual, em nossas atividades, de advogado, de juiz, de promotor, de estudante, de professor. Todos devemos o culto ao direito, aquele direito que sirva à sociedade, ao indivíduo e proteja o Estado dos oportunismos e até dos modismos nem sempre pensados e que se tornam objeto de ocasião, muitas vezes, propagados por indivíduos nem sempre preparados para assumir as teses ou as orientações que pregam. O jurista tem um compromisso com a realidade, com o político, com o social, com o econômico, mas não pode esquecer que a realidade é fato, é momento, é a natureza das coisas e, se elas não podem ser mudadas abruptamente, devem ser pensadas, como encontrar dentro da legalidade democrática o caminho a percorrer para que o Brasil continue na linha que Juscelino Kubistchek inaugurou em 1956, rasgando o Brasil, fundando Brasília, criando o parque industrial brasileiro, contra todos, e mostrar que o Brasil democrático é viável e nele, em se plantando, tudo dá, desde que possamos pensar com altivez e coragem.

## 34. Qual o futuro do mundo jurídico?

Aonde irão as profissões jurídicas até o século XXII? Como devem se preparar? Quais serão os desafios?

Há respostas gerais aos vários segmentos, como aperfeiçoamento constante – não jogue fora os livros após o concurso. Vejam a doutrina, a jurisprudência, as novas leis.

O magistrado do século XXII certamente terá novas adaptações diante das evoluções ou involuções.

O acesso à atualização via informática ou presencial. A constante atualização profissional, quer diante de novas leis ou códigos. O juiz deve se preparar para as pequenas e médias demandas, aquelas mais numerosas. Do outro lado, o Estado deve se preocupar com a boa remuneração da magistratura porque o juiz é uma figura social distinta do resto da sociedade (restrições, acesso de bens), mas o juiz deve prezar a carreira, não como emprego.

O advogado se adapta à realidade profissional. Os escritórios serão pequenos, médios e grandes, a boutique sempre existirá no contato cliente/advogado, e não numa grande sociedade de advogados.

A formação inicial é importante, ali começa a trajetória profissional. Não basta a aprovação no Exame da Ordem, a via prossegue.

O caráter do advogado e sua formação ética serão sempre exigidos da sociedade e do cliente.

Cada vez mais, aumentarão a importância e o prestígio do advogado público. Na defesa dos interesses estatais, ele continua advogado, não é simples empregado.

O Ministério Público, cada vez mais, representante da sociedade, não só acusador, mas orientador.

O magistério jurídico exerce papel importante porque daí surgirão as carreiras jurídicas. O professor estará aberto às invocações e informações sociais e econômicas. Aumentará o uso do texto na tela do computador. Lembre-se sempre: mais educador que simples professor.

Diferente de tudo, porque não profissional, o diletante do direito, aquele que estuda direito porque agradável como informação e formação, tem papel social importante.

## 35. Brasília: ontem, hoje e amanhã

Desde o Império, José Bonifácio já pregava a transferência da capital para o interior do Brasil. O historiador Varnhagen precisou esse local na cidade de Formosa, Goiás, onde há uma rua com o nome do historiador.

A Constituição de 1891 já delimitava um quadrilátero no centro do Brasil para a mudança da capital, e efetuou-se a delimitação com a Comissão Cruls (1892). A ideia continuou. Em 1947, nova comissão, do general José Pessoa, marcou definitivamente o local, e o Presidente Juscelino empreendeu a construção da nova capital, inaugurada em 21 de abril de 1960.

Foi um golpe para a cidade do Rio de Janeiro, durante 200 anos capital do país. Executivo, Legislativo e Judiciário foram transportados para o Planalto Central. Como implantar numa nova capital, deslocada de outra com 200 anos de vida? O passo foi enorme.

Hoje, na visão geral desde 1960, foi um grande acerto, porque o Rio não suportaria o aumento populacional, de serviços e servidores públicos, expansão do comércio e serviços.

A cidade cresceu, superou a previsão de 250.000 habitantes em 2.000, aqui já passara do milhão. Deve adaptar-se a esse crescimento, às vezes, desordenado.

As cidades-satélites saíram do projeto inicial (Taguatinga, Sobradinho, Planaltina e Brazlândia), e a conta ficou astronômica. Não é possível impedir a entrada, mas os governos não podem incentivar a entrada, muitas vezes, como convocação (deslocamento de servidores e serviços).

## 36. Grandes advogados

Essa afirmação é das mais difíceis, porque houve no passado e há hoje notáveis advogados no seu segmento especializado, na sua atuação e na sua herança ao mundo jurídico. Apesar dessa densa floresta de nomes, não podemos olvidar certos paradigmas, escolhidos dentre já falecidos, mas registraram fatos marcantes na vida profissional. Demarco a partir de 1960, quando Brasília foi inaugurada, com uma grande transformação da atuação do advogado, por presença física, mudança de paradigmas éticos, mudança no comportamento do Judiciário, evolução tecnológica, em que a informática, a internet e o processo eletrônico mudaram o modo de ser advocatício.

Fica entendida a importância desse capítulo de exaltação a determinados nomes que trouxeram prestígio à classe, que hoje se vê prestigiada na Constituição, no seu art. 133: "O advogado é indispensável à administração da justiça, sendo inviolável por seus atos e manifestações no exercício da profissão, nos limites da lei". Deve-se a um advogado e Constituinte de 1987 – Michel Temer – essa inserção (CARVALHO, 1988; PILATTI).

Inicio com um nome especial, no seu tempo, e exemplo de modo, coragem, ética: Sobral Pinto (1893/1991).

Sobral Pinto foi modelo de advogado, às vezes, arrebatado, duro, mas isso tudo era fruto das suas convicções, da defesa do direito do seu cliente, aquilo que Evandro Lins, grande advogado criminalista e ministro do STF disse: "Sobral Pinto, o monstro" (LINS E SILVA, p. 173; LINS E SILVA, p. 130; DULLES JR., 2001; NEVES, 2020, p. 121).

Em 1937, Sobral Pinto foi nomeado pela OAB para defender Luiz Carlos Prestes, líder comunista. Sobral aceitou e comunicou à OAB sua profunda divergência com o comunismo materialista, mas aceitava a designação. Mais tarde (1964), foi advogado de Juscelino, Miguel Arraes e Francisco Julião, todos políticos atingidos pelo movimento militar.

No auge do movimento militar (1964), invocava-se a palavra do Ministro da Guerra Costa e Silva com a cassação de Hermes Lima e Sobral Pinto, ministros do STF. Sobral mandou uma dura carta a Costa e Silva (1.6.1964 – auge do movimento (PAULO FILHO, 1989).

Sobral Pinto foi um espadachim, um quixotesco nas liberdades individuais. Assim foi no Tribunal de Segurança Nacional, defendendo o comunista Luiz Carlos Prestes, Sobral católico rigoroso, frequentador diário da missa. Em 1964, defendeu o regime militar porque era contra os comunistas, mas se arrependeu a partir das violências.

Em 1964, chineses entraram no Brasil com duvidosa autorização consular e foram presos. Sobral foi advogado deles, e o governo chinês mandou pagar os honorários, que Sobral não aceitou. Achou o ato policial injusto, desmedido, por isso a defesa foi espontânea.

Em dezembro de 1968, Sobral falou em nome dos advogados na posse do novo presidente do STF, Ministro Gonçalves de Oliveira. Coincidia com a decisão da Câmara dos Deputados que negara licença para o processo contra o Deputado Márcio Moreira Alves, acusado de ofensa aos militares. Sobral rumou para Goiânia para ser paraninfo. Nesse momento, foi editado o Ato Institucional nº 5 - 13 de dezembro de 1968. Já no hotel, a polícia política prendeu Sobral, que resistiu, mas conversou muito, e o coronel prisioneiro fez uma dissertação política para Sobral - ele entendeu o momento político e assim uma democracia à brasileira. Sobral aparteia a autoridade: "Coronel, à brasileira só há o peru!

Sobral foi um exemplo de advogado - corajoso, convicto de suas causas, humilde e pobre. Nessa parte, era um desprendimento, trabalhava *pro bono*, bastava alegar insuficiência.

Evandro Lins e Silva levou o brilho ao processo criminal, e especial ao júri, no Rio de Janeiro. Manejava as provas, o sentimento dos jurados e qualificação jurídica dos fatos, sem pieguice ou dramalhão. Saiu do júri para o governo e logo para o STF. Atingido pelo Ato Institucional nº 5/1969 e aposentado, retornou à advocacia e ao Conselho Federal da OAB. Permaneceu um jovem até os seus 91 anos de idade.

Heleno Fragoso se dedicou ao Direito Penal como professor e, especialmente, como advogado criminal na difícil pugna pela defesa de perseguidos pelo regime militar. Não era fácil. Expressou esse período em seu livro *Advocacia da Liberdade* (1984).

Márcio Thomaz Bastos cresceu na advocacia criminal, paulatinamente, até atingir os pináculos da carreira. Grande orador, grande expositor, sóbrio ou discreto, mas gigante na tribuna. Participou ativamente na OAB/SP e no Conselho Federal da OAB como presidente de ambas as instituições.

Vicente Ráo trouxe para a advocacia paulista a cultura, o saber acadêmico transmitido na Faculdade de Direito do Largo de São Francisco. Ao lado de obras clássicas de Direito Civil, dominador da sua cátedra, foi expoente na advocacia cível em São Paulo e no STF.

José Frederico Marques foi uma grande revelação como advogado, após uma carreira judiciária até desembargador. Com obras seminais sobre processo civil e processo penal, sabia colocar as questões em debate com precisão, numa experiência adquirida na judicatura paulista e na vasta doutrina que explicou.

Theotonio Negrão foi o exemplo do advogado cível na precisão dos fatos e conceitos sem rebarbativos, extensão palavrória. Ia ao ponto e o desenvolvia de maneira peculiar. Dizia que o advogado deve trabalhar como cirurgião: quando elabora um trabalho, inicia e não interrompe. Colaborou com o mundo jurídico (juízes, advogado), com o CPC anotado, conhecido como Código Negrão, e antes fizera um dicionário da legislação federal.

Aqui, uma marca da advocacia a partir da década de 40: José Martins Pinheiro Neto. Com sua experiência vivida em Londres, trouxe para o Brasil a ideia da sociedade de advogados e criou a Pinheiro Neto Advogados. Saímos da advocacia individual, ou então do advogado famoso cercado de outros advogados, sem a pretensão de formação de sociedade, pelo menos, entre os principais sócios. Ainda hoje (2020), Pinheiro Neto é uma marca registrada de uma grande sociedade de advogados, hoje tipo jurídico consagrado no Estatuto da OAB (art. 15).

Já na geração de Brasília (1960/2020), um nome destacado na advocacia, especialmente, nos tribunais superiores (STF/TSE), José Guilherme Villela. Construiu seu caminho com elegância, luta, qualidade de trabalho. Era um preciso argumentador e grande conhecedor dos escaninhos procedimentais, como obstáculo ao andamento do processo.

## 37. Formadores do pensamento jurídico brasileiro

Em outras iniciativas, eminentes mestres e divulgadores apresentaram os mentores do pensamento brasileiro ou contribuíram para a formatação de uma mentalidade construtiva perene. Nesse rol estão Miguel Reale, em exaustiva pesquisa e longa menção de contribuintes escritores, em seu livro *100 Anos de Ciência do Direito no Brasil*, publicado pela Saraiva em 1973.

Numa linha fora do direito: Fernando Henrique Cardoso tratou daqueles que pensaram o Brasil, sua história, em seu livro *Pensadores que Inventaram o Brasil* (2013); Jorge Caldeira assinala aqueles que contribuíram em todos os quadrantes da vida brasileira em seu livro *101 Brasileiros que Fizeram História* (2016); e Arnaldo de Sampaio Moraes Godoy, sempre atento e perfeito em suas pesquisas, no destaque, em dicionário alemão, com notícia de quatro juristas brasileiros importantes - Rui, Clóvis, Tobias, Pontes de Miranda (os juristas brasileiros citados no dicionário dirigido por Michael Stolleis, 2001), ou Clóvis Beviláqua (*Juristas Philosophos*). Agora, em 2020, José Roberto de Castro Neves, consagrado advogado no Rio de Janeiro, organizou a obra *Brasileiros*, com perfil de 42 grandes brasileiros.

Se alguém conhece Teixeira de Freitas no Império, ou Clóvis Beviláqua na República, é porque certamente plantaram e ficaram.

Divulgamos aqueles que, no âmbito acadêmico ou nos escritos, legaram ideias, pensamentos, diretrizes para o mundo jurídico. Não incluímos grandes advogados ou grandes juízes, ainda que cada um na sua área tenha exercido relevante atividade, até revelação. Pensamos como Ítalo Calvino, grande escritor italiano, como se caracteriza um clássico: aquele que vamos reler, assim não basta a importância no seu tempo, mas a continuidade das lições.

Vamos divagar sem uma ordem cronológica ou hierarquia de importância. Eles aparecerão dentro das suas significações e, ao final, teremos os conjuntos dos formadores.

José da Silva Lisboa, Visconde de Cairu, natural da Bahia, mas formado em Coimbra, publicou, em 1801, *Princípios de Direito Mercantil*, linha de conduta realizada pela diretriz da abertura dos portos, em 1808, por Dom João, já em terras brasileiras. Segundo Euclides da Cunha, o primeiro economista.

Augusto Teixeira de Freitas empolgou o século XIX, porque simples advogado, baiano com vida profissional no Rio de Janeiro, foi solicitado pelo governo imperial para a elaboração de um código civil. A primeira etapa foi a Consolidação das Leis Civis (1858), monumento legislativo elaborado por uma pessoa. A próxima etapa foi a elaboração do Esboço do Código Civil (1860). Por razões técnicas e desavença com o ministro de Justiça, Freitas não prosseguiu, e o Brasil jurídico perdeu, ali, o seu primeiro código civil, esquecido no Brasil, mas consagrado no Código Civil argentino, de autoria de Velez Sarsfield. Freitas, como advogado, foi um dos fundadores do Instituto dos Advogados Brasileiros (1843) e seu presidente (REALE, Figuras da Inteligência Brasileira). Em 1916, comemorou-se o centenário de Freitas no Teatro Municipal do Rio de Janeiro, presidido por Rui Barbosa. Na abertura da sessão, falou sobre o maior jurista do século XIX, o maior jurista do século XX – Clóvis Beviláqua (VALLADÃO, 1997).

Pimenta Bueno, em seu *Direito Público*, revelou ao Brasil essa seara num livro clássico, digno de leitura hoje, anos de distância, naquela época, do incipiente Direito Público (REALE, Figuras da Inteligência Brasileira; VALLADÃO, 1997).

Vamos ao grande pensador, filósofo e autêntico formador, porque fez escola e teve notáveis discípulos: Tobias Barreto. Na afirmação de Otto Maria Carpeaux, Tobias foi sobretudo um grande mensageiro de ideias. A crítica a Tobias aceitava não ser uma escola, e não lera os alemães, sistemática, mas teve grande papel renovador (LIMA, 1939; BEVILÁQUA, Ensaios e Estudos; GODOY, Tobias Barreto; REALE, Figuras da Inteligência Brasileira).

Lafayette Rodrigues Pereira foi um clássico do Direito Civil, porque soube buscar as boas linhas francesas e portuguesas, e até do Direito Romano, cristalizadas nos seus livros *Direito das Coisas*, *Direito de Família*.

Um dos pais do moderno Direito Processual Civil foi Paula Baptista, mestre em Recife, doutrinador respeitado e divulgador de novidades e então recentes teses.

O governo frustrou-se com a não realização do Código Civil, de Teixeira de Freitas, mas, em 1898, o ministro da Justiça, Epitácio Pessoa, então professor catedrático de Recife, convidou outro professor daquela escola, Clóvis Beviláqua, que, em 1901, apresentou o projeto do código civil, que se materializou em lei em 1916. Clóvis não foi só projetista, mas o comentador desse código, em sete volumes, além dos livros avulsos *Teoria Geral do Direito Civil, Direito das Obrigações, Direito de Família.*

Pedro Lessa, grande advogado paulista e um dos maiores ministros do STF, entra neste rol por sua participação na filosofia do direito como catedrático em São Paulo. Ao lado de escrito, outro trabalho clássico: *Do Poder Judiciário* (1915).

Rui Barbosa não teve obra jurídica sistemática. Seu *Direito Constitucional* é uma reunião de escritos, empreendido por seu discípulo Homero Pires (1932/1934), mas a obra de Rui está em suas peças forenses, em suas pregações políticas, principalmente nas candidaturas à Presidência da República, em seus discursos aos jovens – *Oração aos Moços* – ou sobre a imprensa – *A imprensa e o dever da verdade* (CALDEIRA, 2016).

Pontes de Miranda é o ponto alto desses pensadores, ainda que muitos divirjam de sua monumental obra, como *Tratado de Direito Privado*, em 60 volumes, *Comentários à Constituição* (1946 e 1967) e *Código de Processo Civil* (1939 e 1974).

Valdemar Ferreira formatou o Direito Comercial brasileiro na sua condição de catedrático em São Paulo, ao lado de J. X. Carvalho de Mendonça, com o seu *Tratado de Direito Comercial Brasileiro.*

Orlando Gomes - mestre baiano, de lá nunca saiu, apenas em turismo - trouxe as lições dos grandes civilistas Lafayette, Eduardo Espínola.

O Direito do Trabalho é ramo jovem do direito. A estruturá-lo, Cesarino Junior, catedrático em São Paulo, em 1938, assumiu a cadeira de Legislação e, em 1942, publicou *Direito Social*. O Direito do Trabalho teve outros pensadores de relevo - Arnaldo Sussekind, um dos elaboradores da CLT (1942), depois ministro do Trabalho e ministro do TST. Seus escritos são clássicos. Ao lado, Mozart Vitor Russomano, juiz de carreira, chegou ao TST e exerceu ativa participação no magistério em Porto Alegre e na Universidade de Brasília, com notáveis escritos sobre Direito do Trabalho.

O Direito Tributário somente se consolidou em 1966 com o Código Tributário Nacional, antes era chamado Direito Fiscal, mas envolvido com Direito Financeiro (ciência das finanças). Com a chegada de Aliomar Baleeiro ao STF, o Direito Tributário foi formatado, tanto que Baleeiro escreveu livro sobre ciência das finanças e logo lançou o livro *Direito Tributário*. Ao seu lado, Rubens Gomes de Souza, com ideias concretizadas no Código Tributário Nacional. Mais jovem, Geraldo Ataliba fez escola tributária na PUC/SP.

No Direito Penal, os mestres penalistas foram bem fixados nos autores italianos a partir de Cesare Beccaria (*Dos Delitos e das Penas*) e muito influenciados pelo Código Criminal do Império (1832), pelo Código de 1890 e pelo Código Penal de 1940. Destaca-se dentre grandes nomes, a formar o pensamento penalista, Nelson Hungria (LINS E SILVA, Arca de Guardados).

Miguel Reale, grande mestre da Faculdade de Direito do Largo de São Francisco, foi um dos maiores juristas brasileiros, com destaque para a filosofia do direito e a sua formulação da teoria tridimensional do direito (fato/valor/norma).

No Direito Administrativo, temos o marco, antes e depois de Hely Lopes Meirelles. Ele sistematizou essa especialidade, dando-

-lhe feição nacional, longe dos modelos tradicionais francês e italiano, este muito forte nos administrativos brasileiros. Miguel Seabra Fagundes teve obra seminal sobre o controle do ato administrativo pelo Judiciário.

Haroldo Valadão, consagrado mestre de Direito Internacional Privado destacou os seus pontos importantes.

Se Paula Baptista deu expressão ao processo civil no início do século XX, completou-se mais tarde com José Carlos Barbosa Moreira, nos seus eruditos escritos, temperados pelo doutrinador e juiz, como desembargador do Tribunal de Justiça do Rio de Janeiro.

## 38. Reformas do Judiciário

Quando se agudiza a crise do Judiciário, e ela é sempre constante, surge a solução – uma reforma do Judiciário. Elas têm aparecido, muitas morreram em doutas comissões, muitas compostas de teóricos sem convivência diária com os problemas forenses. Outras foram implementadas, fruto de sugestões, algumas pertinentes e outras fora da realidade, e mais, algumas importadas sem adequação ao contexto brasileiro, físico, político ou à nossa necessidade.

Aqui tratamos daquelas implementadas, ou surgidas, de modo direto ou indireto das Constituições desde 1891 (LEAL, 1965; VELLOSO, Revista Forense nº 378).

Devemos, antes da passagem pelos eventos, identificar críticas constantes ou permanentes e a eterna busca de solução, como exemplo clássico, a demora na prestação jurisdicional, sem uma resposta à pergunta "quem é culpado"? O juiz, não, ele apenas é o mensageiro guiado pelo sistema Judiciário e o processo. O advogado? Não, ele obedece aos sistemas, é até vítima, como são as partes.

Inúmeras pesquisas tratam do Poder Judiciário, sua imagem, suas atividades e a repercussão na sociedade, e de seus protagonistas – juízes, advogados e Ministério Público.

Em 2020, a FGV Rio debateu intensa pesquisa sobre o Judiciário. Nessa data, a instituição mais confiável era o STJ (44%), após o STF (41%), a Presidência da República (34%) e o Congresso Nacional (19%). Esses índices demonstram a vitalidade do Judiciário para a sociedade, tanto que 83% dos brasileiros entendem a importância do Judiciário para a democracia. Sobre a eficiência – a justiça federal aparece com 47% e a estadual com 8%. Esses índices refletem o desgosto da sociedade com a falta de resposta rápida nas mais variadas e úteis reinvindicações (família, propriedade, penal).

Agora vamos aos críticos: 93% dos entrevistados entendem a justiça como lenta. A linguagem jurídica é incompreensível. Essa crítica não procede, porque a linguagem técnica, para nós, o juridiquês, decorre de terminologia, muitas vezes, oriunda do Direito Romano, por séculos, e sem substituição. Como trocar "evicção", "usufruto", "fideicomisso", "remissão" e "remição" por palavra objetiva e popular?

Com a proclamação da República, em 1889, entramos em novo sistema político e estrutural, e isso impôs novo modelo judicial. O sistema imperial obedecia à estrutura monárquica até na nomeação dos desembargadores e a pouco atuação do Supremo Tribunal de Justiça.

Já em 1890, logo após a instalação republicana, o Decreto nº 848 criou a justiça federal e deu forma ao STF, com o principal recurso, chamado no regimento do STF de extraordinário (LESSA, 2003).

Pensou-se, assim, na estrutura federalista, com a União e os estados-membros, na obediência a um modelo federal, mas observadas as peculiaridades estaduais e municipais.

Logo, a Constituição de 1891, a primeira republicana, estruturou o Judiciário, o STF com 15 Ministros, com verdadeira vitaliciedade, sem limite de idade compulsória (enquanto bem servir). O procurador-geral da República era um ministro do STF, escolhido pelo presidente da República, e o recurso extraordinário tomou corpo e foi estruturado.

Uma das grandes direções do STF nesses primeiros momentos (1891-1926) foi a chamada doutrina brasileira do *habeas corpus*, seu âmbito ampliado de simples defesa da locomoção, até a defesa de direitos pessoais (ROSAS, Pedro Lessa; RODRIGUES).

Essa extensão foi cortada na reforma constitucional de 1926 – restrição do *habeas corpus* somente à defesa da liberdade de locomoção.

A Revolução de 1930 trazia uma grande pauta sobre a verdade eleitoral: a pureza da votação, da apuração e do resultado eleitoral. Surgiu, então, em 1932, o Código Eleitoral e, nele, a criação da Justiça Eleitoral, com os juízes eleitorais, os tribunais regionais eleitorais e o Tribunal Superior Eleitoral.

Na Constituição de 1934, foi instituído o mandado de segurança, como estamos hoje, aí o seu nascimento.

O STF compunha-se de 11 ministros, então com a idade compulsória de 75 anos. Resolveu-se antigo debate sobre a possibilidade da divisão em turmas.

Admitiu-se a participação do chamado quinto constitucional (advogados e membros do Ministério Público) nos tribunais estaduais.

A Constituição ditatorial de 1937 reduziu a idade compulsória para 68 anos, atingindo vários ministros, aposentados além desse limite (NUNES, 1943).

A Constituição de 1946 trouxe alento democrático e arejou o ambiente judiciário. Atendeu à antiga crise do STF, com a criação do TFR, para lá, passando a segunda instância dos feitos de interesse da União, até aí, submetidos ao STF. Nessa competência passou o mandado de segurança contra ato de ministro de Estado.

Relevante papel foi marcado pela Emenda Constitucional nº 16/65, que instituiu a representação contra lei ou ato normativo federal ou estadual, porém deu legitimidade ativa exclusiva ao procurador-geral da República, em vigor até 1988.

Importante mudança ocorreu em 1966, com a recriação da justiça federal, na Lei nº 5.010. A justiça federal fora criada em 1890 e extinta em 1937 (Constituição). Sua implementação foi difícil porque essa competência estava nas varas da fazenda pública estaduais, ocupadas por juízes estaduais, e como segunda instância o TFR. Houve enorme esforço dos juízes nomeados, sem estrutura física, local, servidores – foi ato heroico o seu início.

Após o movimento militar de 1964, muitas críticas ao Judiciário, e aí surgiram soluções, nem sempre adequadas ou úteis, até que foi editada a Constituição de 1967.

Restringia-se (ou pretendeu-se) o âmbito do recurso extraordinário com a cláusula negar vigência à lei federal (art. 113, III). Deu-se ao regimento interno a ordenação do processo e julgamento dos recursos naquela Corte, especialmente o recurso extraordinário, sua admissibilidade, e a indicação dos vetos de não subida.

Capítulo importante, com início bonito e conclusão drástica, com a Reforma de 1977, chamado de Pacote de Abril, porque, além do Judiciário, entraram outros temas, como a eleição indireta de senadores (chamados de biônicos) (ABREU).

Em 1974, após sua posse, o Presidente Ernesto Geisel fez visita protocolar ao STF. Na ocasião, o então presidente da Corte, Ministro Eloy da Rocha, apresentou os aspectos sofridos do Judiciário, então o Presidente Geisel pediu sugestões para uma reforma do Judiciário. Essa visita redundou num longo trabalho com a colaboração de todos os tribunais e muitos juristas, com soluções, enfeixadas em cem volumes, reduzidas no documento *Diagnóstico do Poder Judiciário*, enviado ao presidente da República, que, com sua redação final, enviou ao Congresso Nacional, que passou ao estudo. Como esse e outros temas não andavam no Congresso e o presidente não conseguia qualquer solução, decretou o fechamento do Congresso e, na parte do Judiciário, estabeleceu regras que foram enfeixadas no Ato Complementar nº 102/77 (FALCÃO, Geisel; FALCÃO, Tudo a declarar). Insistiu a relevância da questão federal. No recurso extraordinário, o recorrente deveria demonstrar que o debate era relevante. Ampliou o poder do STF na redação de seu regimento. Criou o Conselho Nacional da Magistratura, com sete ministros do STF, para examinar reclamação disciplinar de juízes de tribunais. Aumentou o número de ministros do TFR de 23 para 27.

A Constituição de 1988 trouxe, realmente, inovações.

Com a antiga crise do STF, houve a criação do STJ. Decotavam-se, assim, a matéria constitucional e a matéria infraconstitucional, a Corte Suprema – o precipuamente constitucional (art. 102) e ao STJ a lei federal.

Com esse desdobramento, foi extinto o TFR, e criados cinco tribunais regionais federais, que, por lei, ficaram no Distrito Federal, em São Paulo, no Rio de Janeiro, no Recife e em Porto Alegre, com a segunda instância das causas da União, autarquias e empresas públicas federais.

Instituiu-se o Estatuto da Magistratura a ser elaborado pelo STF (até 2020 não apresentado).

O Judiciário sempre suscita debates e controvérsias, tanto que, na Reforma Constitucional de 2003, foi o tema mais debatido, com o maior número de emendas.

Após a adoção das diretrizes de 1988, nova reforma, que redundou na Emenda Constitucional nº 45/2004.

Foi criado o Conselho Nacional de Justiça (CNJ) para atuação administrativa e financeira e deveres funcionais dos juízes, com muitas críticas estruturais, mas apoios (BARROSO, 2005).

Ao lado do CNJ, foi criado o Conselho Nacional do Ministério Público, para os membros do Ministério Público.

Preconizou-se a criação dos cursos de aperfeiçoamento para o ingresso na magistratura, nova formatação para a carreira.

De grande debate, com apoios e críticas, foi instituída a súmula vinculante.

Para responder à crítica da morosidade e da não resposta do Judiciário, criou-se o princípio da razoável duração do processo (MELLO FILHO, 2004; CRUZ E TUCCI, 2004; YARSHELL, 2004).

Inseriu-se a cláusula da repercussão geral no recurso extraordinário, como forma de restrição a favor dos grandes temas (WAMBIER, 2005).

Em todas as leis, há aspectos positivos e negativos, e a isso não foge a Emenda Constitucional nº 45/2004.

A extinção dos tribunais de alçada (São Paulo, Rio, Paraná, Minas e Rio Grande do Sul) foi altamente criticada, porque essa instituição era uma etapa na carreira muito importante para o aprimoramento do magistrado (GUIMARÃES, 1958).

A vedação de férias coletivas, em segunda instância, foi outra medida criticável, até pelos advogados, cujo Conselho Federal aprovou-a no nascedouro.

Outra observação, e não crítica, é a não implementação de câmaras regionais nos tribunais regionais federais.

Outro fator criticável se relaciona aos custos de manutenção do Judiciário, a repercussão da demora, a insegurança jurídica e tudo no ponto – o desenvolvimento econômico (PINHEIRO, 2004; GALDINO, Teoria dos Custos Judiciais).

É importante o estabelecimento de regras perenes, condutoras de uma decisão dúbia ou passível de mudança, não legislar para cada caso (CALDEIRA, História da riqueza no Brasil), ou então, o lançamento da jurisprudência de ocasião (MENDES).

## 39. Papel do TSE no processo democrático

As eleições no Império tinham expressão naquele mundo diminuto de eleitores e de compreensão política até 1881, quando foi editada a Lei Saraiva. Nenhuma abertura porque o número de alfabetizados ou aptos ao voto era insignificante.

A partir de 1889, portanto na República, o domínio local é fantástico porque os chefes políticos determinavam os resultados eleitorais (direta ou indiretamente) (CAMARGO).

Em 1930, a chamada revolução, à frente Getúlio Vargas, pregava a liberdade do voto, a lisura das eleições e a pureza dos resultados. A pregação revolucionária rendeu grande fruto: a criação da Justiça Eleitoral, com o Código Eleitoral em 1932. Aí começou a pureza, e o Judiciário entrou para moralizar as eleições. Essa ideia foi relativa porque o mandonismo local persistia e as grandes chefias dominaram a vida política até 1937, golpeada por Getúlio Vargas. Silêncio total até a Justiça Eleitoral (BROSSARD; sobre a evolução do voto: CALDEIRA, Nem céu nem inferno; MATOS).

Em 1945, restabelecido o Estado democrático, reabriu-se a Justiça Eleitoral, em especial o TSE, logo chamado para julgamento do registro do Partido Comunista, que foi cassado por maioria (1947).

Mas o TSE teve importância na organização da eleição de 1946, quando foi eleito Eurico Gaspar Dutra para presidente da República. Era uma eleição significativa porque estávamos sem pleito eleitoral desde 1934 (11 anos).

Com a segunda eleição de Getúlio Vargas, estabeleceu-se intenso debate oriundo da oposição, com o então partido UDN, com a existência de maioria absoluta para a vitória presidencial, que, no caso getulista, não ocorria porque eleito com 37% dos votos, muito abaixo dos 51%. Essa discussão foi levada ao TSE, que a rejeitou e diplomou Getúlio Vargas em 1950.

Com a eleição de Juscelino Kubistchek, em 1956, voltou a tese udenista da maioria absoluta, e o eleito tivera menos de 51% dos votos. Novamente, o TSE rejeitou essa tese, porque não escrita em nenhum lugar, ao contrário da atual determinação constitucional.

Em 1960, Jânio Quadros foi eleito, sem questionamentos.

Após o movimento militar de 1964, voltou-se ao debate da lisura das eleições, por isso foi editado o Código Eleitoral (1965) a partir de orientação do próprio TSE e, posteriormente, a Lei dos Partidos Políticos.

A vida partidária foi atingida em 1965 com o Ato Institucional nº 2, que extinguiu os partidos políticos, então em número de 12.

Precariamente, surgiram dois partidos, Arena e MDB, este, tido como de oposição, foi uma acomodação de legenda, mas sem satisfazer a todos em razão de suas origens ou pregações (trabalhista, socialista, parlamentarista etc.).

A partir de 1982, o TSE desenvolveu notável atitude na possibilidade da criação de novos partidos, dentro de uma liberdade democrática. Surgiram, então, as grandes legendas, que influenciaram intensamente as eleições de 1986, quando um grande número de legendas participou do pleito.

O ponto máximo do TSE ocorreu na eleição presidencial de 1989 (29 anos após a última presidencial). As novas gerações não tinham noção de uma votação presidencial.

À frente dos trabalhos da Corte, de modo especial e importante, o Ministro Francisco Rezek, presidindo uma histórica eleição com 22 candidatos.

A Corte voltou com a eleição presidencial (2004), com a vitória de Fernando Henrique Cardoso.

Grande embate jurídico e político se cercou da impugnação ao resultado favorável à chapa Dilma Rousseff e Michel Temer. O TSE, por maioria, rejeitou essa impugnação.

Novamente, em 2020, debate-se a impugnação ao resultado da chapa Jair Bolsonaro/Hamilton Mourão. Continua o TSE no centro do direito à impugnação, mas, muitas vezes, o consolo para os derrotados.

Voltando aos instrumentos oferecidos ao TSE, muito significativa a adoção da cédula oficial. As cédulas eram individuais e oferecidas pelos candidatos, e o eleitor colocava o envelope com a cédula na urna. O escritor mineiro Mário Palmério, em seu livro *Chapadão do Bugre*, descreve: o empregado do chefão pede para olhar a cédula, e o mandão diz que não pode, porque o voto é secreto.

Logo após 1988, a Constituição determinava a edição de lei complementar sobre as inelegibilidades, e assim aconteceu com LC nº

64/90, definidora dos impedimentos e das exclusões. O TSE teve papel importante nessas definições.

Outra atitude saneadora do TSE foi o recadastramento eleitoral (1986), empreendimento que exigiu grande esforço do Ministro José Neri da Silveira, então presidente. Eliminaram-se as duplicidades involuntárias e as perversões, com títulos em dois ou mais municípios, um eleitor.

Enfim, outra pureza para o sistema eleitoral brasileiro: a votação na urna eletrônica. Em 1996, procedeu-se à primeira eleição, então como presidente do TSE o Ministro Marco Aurélio. Desde então, até hoje (2020, 24 anos), nunca houve fraude, apenas acusações genéricas, sem nenhuma prova, ainda que desafiados os críticos.

A cada ano de eleição, era editada uma lei, geralmente casuística, para aquela eleição, a chamada lei do ano. A Constituição aboliu tal prática na obediência a um ano, para a sua vigência. Acabou a lei do ano.

Somado a tudo isso, houve mudança no modo de votação, na apuração e na totalização dos votos. Em 1995, o então presidente do TSE, Ministro Carlos Velloso, empreendeu uma proposta de reforma das leis eleitorais, com amplo debate entre eminentes figuras do mundo jurídico (CORRÊA, Assembleia Legislativa de Minas Gerais).

A urna de lona, sempre violada ou desaparecida, foi substituída por um processo seguro e transparente – o eletrônico. Acabou o bico de pena, o acerto político local, o resultado manipulado mais tarde.

A política e o TSE devem se adaptar a esse mundo eleitoral – preparação, votação e apuração – e não podem se envolver com os derrotados, porque esses antigamente tinham grandes pretextos, as fraudes, que hoje desapareceram.

Entre 1932 e 2020, há um imenso mundo político passadista e atual porque sempre houve um dogma no TSE – o respeito à vontade do eleitor. Se o desrespeito for violento, vale a atuação do TSE, do contrário é criticado e derrotado.

Vamos a Machado de Assis, ao tratar de eleições no século XIX no festejado conto "A sereníssima república". Segundo Machado, há um sentido restrito – as nossas alternativas eleitorais. Era decorrência da Lei Saraiva, de 1881, com eleições diretas, e diz Machado: "Muitos abusos, descuidos e lacunas tendem a desaparecer, e o resto terá igual destino, não inteiramente, decerto, pois a perfeição não é deste mundo [...]". Será que acabaram os abusos? O TSE está sempre atento.

## 40. Distrito Federal – unidade federativa

Todo brasileiro mora no município, por extensão, num estado, mas o morador do Distrito Federal tem situação singular porque não mora no município nem no Estado, pois o Distrito Federal não é estado nem tem municípios.

Com a chegada da Família Real, em 1807, ao Rio de Janeiro, e com vontade da instalação da capital do reino, porque Lisboa ficara para traz, não houve problema nessa permanência porque todo o território nacional pertencia a Portugal e seu rei. Onde ficasse, seria a sede governamental.

Com a independência, continuou o Rio de Janeiro como sede do governo imperial, e assim se entendeu com a Constituição de 1824 – o Rio de Janeiro sediava a Corte.

Mas o Rio de Janeiro abrangia as terras adjacentes à Baía de Guanabara – de lá, Niterói, de cá, a cidade do Rio de Janeiro, assim nominada desde o século XVI. A solução era separar a sede imperial do restante do território. A solução veio com o Ato Adicional de 1834, que dispunha em seu art. 1º: "A autoridade de Assembleia Legislativa de Província em que estiver a Corte não compreenderá a mesma Corte, nem o seu Município". Ela tira sem discutir o desmembramento. A província fluminense tinha assembleia, município e presidente (governador) e, em 1835, Niterói passou a capital da Província do Rio de Janeiro; e a capital imperial, com dirigente (ministro do império) e vereadores, sem estar escrito, passou a Município Neutro (REIS; MAURO).

A Constituição de 1891, a primeira republicana, melhorou o *status* político e declarou que o antigo município neutro constituiria o Distrito Federal e a capital da União. O Distrito Federal passou a ter três senadores no Senado, em número igual aos estados, e uma Câmara de Vereadores.

Em 1934, mais *status*, atribuindo a administração do Distrito Federal a um prefeito nomeado pelo presidente da República, bem como as receitas iguais ao estados (art. 15).

A Constituição de 1967 vai na linha de 1934, mas explicita a competência legislativa do Senado para leis tributárias, orçamentária, de serviços públicos (art. 17). O Senado mantinha uma comissão denominada do Distrito Federal, mas não previa a eleição dos governantes, então dirigida por prefeito nomeado pelo presidente da República.

A Constituição de 1988 consolidou o caráter eletivo dos governantes e da câmara distrital.

O Distrito Federal tem as competências legislativas reservadas aos estados e municípios, além de competência concorrente (arts. 23 e 24 da CF/88).

## 41. O Judiciário no Distrito Federal

No dia 21 de abril de 1960, os três poderes se instalaram em Brasília. O STF, nesse dia, fez sua sessão solene de abertura.

E o restante do Judiciário? Era necessário instalar a justiça local, do Distrito Federal, à semelhança dos estados, e do antigo Distrito Federal, este até 21 de abril de 1960, quando foi inaugurada Brasília como capital do país.

A Lei nº 3.754, de 12 de abril de 1960, Lei da Organização Judiciária do Distrito Federal, a nova capital, estabeleceu as bases e sua estrutura, com cinco desembargadores, dentre eles desembargadores oriundos do antigo Distrito Federal, Bahia e Minas Gerais, e juízes optantes pela nova capital.

Toda a justiça do novo Distrito Federal se instalou no Bloco 6 da Esplanada dos Ministério, ao lado da catedral, onde estavam os juízes e desembargadores (ver capítulo 9), até 1969, quando foi inaugurada a sede na Praça do Buriti, aí também o TRE/DF.

Em 1967, houve aumento no número de desembargadores e juízes, mas o efetivo de juízes de primeira instância permaneceu por muitos anos: duas varas cíveis, uma vara de família, uma vara da fazenda pública.

Em 1969, o Distrito Federal tinha 800 advogados na OAB/DF.

O primeiro juiz de Brasília foi Lucio Batista Arantes, antes juiz no Estado de Goiás, então na comarca goiana de Planaltina, aproveitado na nova capital. Chegou a desembargador e presidente do TJDF.

A Justiça do Trabalho se instalou com duas juntas (varas), e a federal, em 1967, com duas varas.

## 42. Súmulas: prestígio e críticas

No novo mundo jurídico, certas expressões são copiadas de textos estrangeiros, com conotação diversa da realidade brasileira – importamos o nome sem importar a sua tradução, ou a sua adaptação brasileira. Assim aconteceu com a alienação fiduciária em garantia, instituto ainda polêmico, o prequestionamento (no recurso especial e no recurso extraordinário), a modificação da palavra desquite para separação judicial e, neste trabalho, a palavra súmula. Se formos aos dicionaristas, não resolveremos o seu significado, porque *summula* (latina) deriva de *summa*, e esta é o total, a totalidade, o mais aproximado em Cícero *summa judici*, o ponto principal do negócio em litígio (Saraiva, Dicionário). Para o dicionário Aurélio, é uma pequena suma, sinopse, e Houaiss resumo.

Vê-se, então, que a denominação prejudicou o entendimento da intenção dos idealizadores das súmulas, à frente o grande Victor

Nunes Leal. Acima da sentença, ou da etimologia, ou do significado, as súmulas ficaram entre reduzidos defensores e inúmeros opositores, a oposição contrária sob muitos argumentos, dentre eles, a forma de legislar, impedir o livre convencimento do juiz, petrificar o direito. Aos defensores, a súmula dava certeza do direito, igualdade de decisões, previsibilidade nas soluções. Estes também respondiam: a súmula não é imutável, a nova lei muda-a ou a substitui.

A jurisprudência brasileira vivia hibernada nos repositórios (dentre eles a *Revista dos Tribunais* e a *Revista Forense*) num trabalho fantástico de catalogação, ou então em fichas individuais, mas, acima de tudo, a vacilação de interpretações para a mesma questão ou teses. Aí estava a fuga ao ideal federativo implantado na Constituição de 1891, quando atribuiu ao STF a uniformização do direito federal. Como fazer com precárias comunicações ou acesso aos repertórios jurisprudenciais?

Em 1963, o STF resolveu criar a Súmula de Jurisprudência Predominante, não só como a indicação de uma primazia interpretativa, mas para dar um norte a uma linha de solução. Posteriormente, em 1966, a Lei nº 5.010 (da Justiça Federal - art. 63) admitiu a edição de súmulas destinadas aos juízes federais. Com o tempo, as súmulas prosperaram, e o Código de Processo Civil de 1974, em seu art. 479, preconizava a uniformização da jurisprudência com a edição de súmulas. Hoje, o Código de Processo Civil de 2012 é fundo no respeito à jurisprudência com a elaboração de súmula (art. 926).

Toda obra humana é passível de crítica, para a melhor construção, a alteração ou até a sua extinção. Assim ocorre com as súmulas, por isso chegaremos a tudo isso, com sentido construtivo.

A primeira observação, que sumular? Qual a vantagem de um enunciado? Há muitos verbetes transitórios sem estatura para uma súmula, com caráter permanente (vejam-se os tributários).

Há enunciados repetitivos do texto legal, talvez com caráter didático.

Há enunciado com a interpretação da lei. É interessante porque é diretriz (343/STF).

Há enunciados sem leis, apenas interpretação doutrinária, como a Súmula nº 146/STF - prescrição pela pena em concreto -, ou as Súmulas nº 5 e 7/STJ, na primeira, interpretação de contrato e, na segunda, reexame de prova.

Mais vacilante ocorreu com a Súmula/STF (extinção de punibilidade com o casamento da ofendida com outra pessoa). O Código Penal (casos de extinção de punibilidade) não previa essa hipótese. O STF a cancelou, posteriormente foi editada lei, e o enunciado foi repristinado (ROSAS, Direito Sumular).

Há enunciados contrários à lei (554 e 521/STF).

Num desejo de segurança jurídica, há enunciados repetitivos (81, 365, 512/STF).

Há verbete alterado por lei (228/STF - execução na pendência de recurso extraordinário ou recurso especial).

Há enunciado imutável (279/STF) e (7/STJ) - não há reexame de provas nos recursos excepcionais. Tal hipótese só seria revertida, mudado o cerne desses recursos, seus pressupostos e finalidades.

Há enunciados editados por uma solução de justiça.

Não se admitia cautelar para dar efeito suspensivo ao recurso extraordinário/recurso especial, somente era possível o exame quando admitidos esses recursos, então passavam à jurisdição do STF/STJ. Era sabido que o juízo de admissibilidade era demorado nos tribunais de justiça, até a admissão do recurso extraordinário/recurso especial. Na circunstância, o STF editou as Súmulas nº 634 e 635, em que não se admite a suspensão cautelar, mas a defere ao presidente do TJ/TRF.

Há enunciado de acordo com o sabor da legislação, como ocorre com a extinção da punibilidade com o pagamento do tributo nos crimes tributários. Várias leis foram editadas sobre o tema, com determinações temporais (antes do término do processo administrativo fiscal, antes da denúncia etc. - Súmula 560/STF.

O mais polêmico enunciado é o 400/STF - razoável interpretação à lei, ainda que não seja a melhor (ROSAS, Direito Sumular). A doutrina a repudiou como incoerência ou absurdo lógico, e tornou-se inaplicável (STRECK; CARNEIRO; OLIVEIRA); mas há defensores - José Celso de Mello Filho (2004).

Amplo debate sobre a Súmula nº 400/STF foi feito pelo Ministro Moreira Alves (RE nº 81.429 - RTJ 89/873).

As Súmulas nº 346 e 473/STF sempre colheram críticas, mas aplausos do poder público. Admitem a revogação do ato administrativo. Sua fonte inspiradora foi o Direito Administrativo italiano, fundo em atendimento ao fascismo, e o Estado totalitário, entrado no Brasil na fase ditatorial getulista (1937/1945). Tais foram as críticas, que as interpretações abrandam o alcance principalmente, quando a revogação atinge interesses de terceiros (ROSAS, Direito Sumular).

A súmula evolui de caráter persuasivo, sugestão para caráter vinculativo, com a Súmula Vinculante (art. 103-A, § 1º, CF/88). Esta poderá ser revista ou cancelada por provocação dos legitimados para a ação direta de inconstitucionalidade.

Começamos com observações filológicas para a expressão "súmula", não só como suma (como ocorreu a São Tomás de Aquino e sua *Suma Teológica*), mas com a ideia de um texto orientador de uma interpretação, talvez não unânime, certamente, se fosse necessitaria do enunciado, mas uma diretriz, como ocorreu com a Súmula nº 512/STJ e 105/STJ (não condenação em honorários advocatícios no mandado de segurança), hoje consagrada na Lei do Mandado de Segurança (Lei nº 12.016/2009).

A denominação não popularizou a súmula, mas a ideia ficou com muito prestígio. A crítica não é a sua existência, e, sim, a enunciados duvidosos, casuísticos ou longe da realidade jurídica ou legal.

Fica aqui, em termos terminológicos, a distinção entre enunciado (texto), precedente (julgado) e súmula.

## 43. Linguagem jurídica

A linguagem é transmissão de pensamentos e ideias que se concretiza nas palavras. Estas nascem, crescem e desaparecem ou se transformam. Cada ciência, cada atividade tem a sua linguagem, suas expressões, como assinalou o grande filólogo M. Said Ali (1930):

> Hoje que a ciência da linguagem investiga os fatos sem deixar-se pear por antigos preconceitos, já não podemos levar essas expressões à conta de superficialidades nem ainda atribuir-lhes papel decorativo. (SAID ALI, 1930, p. 49).

Ainda esse grande mestre (SAID ALI, Dificuldades da Língua Portuguesa, p. 227), que ilustrou a cátedra do Colégio Pedro II: "Têm por dever resistir à tentação de adotar dizeres novos estrangeiros de que outros se sirvam só para condescender com a moda". Essas lições caem bem no mundo das palavras jurídicas, no sentimento popular chamado de juridiquês, não é verdade? A ciência jurídica tem expressões próprias, ricas, e de boa etimologia e semântica apropriada.

Pretende-se aqui a defesa dessa linguagem técnica com observações afirmativas ou críticas, no diário da vida acadêmica e forense, sem a mestria dos grandes como Evanildo Bechara, Celso Cunha, Rocha Lima e Celso Luft, que apresentaram expressivas gramáticas normativas. Essas palavras não têm peso gramatical, apenas sobre vocábulos jurídicos, ou então expressões deturpadas, na excelente apresentação de José Maria da Costa, em *Manual de Redação Jurídica*, Edição Migalhas.

Começamos pelas palavras inadequadas ou erradas, no dia a dia jurídico, lembrando do comum em petições em que o subscritor usa a palavra, pretensamente certa, mas não indicada, como chamar o juiz incauto. A utilização de uma carta apócrifa, sem assinatura, ao se esquecer da apocrifia, já é sem assinatura. A carta anônima com remetente, aqui atribui-se ao autor conhecido e reconhecido, ainda que não assine. Todo mundo conhece o autor, o estilo é o homem.

Na linguagem jurídica, adotaram-se prefixos ou sufixos em palavras não dicionarizadas, como ocorre com o prefixo in– em inculto.

Sobre a palavra inadequada, há passagem histórica no século XIX. O Imperador Pedro II fraturou a perna e foi hospitalizado. Em alta, jornal informa: o imperador saiu do hospital amparado em duas mulatas. No dia seguinte, desculpas jornalísticas - duas muletas.

A pronúncia de certas palavras, no jargão jurídico, denota desconhecimento, como em viger. Para atender aos léxicos, lembre-se de vigência.

Nos usos errados, é comum o emprego trocado de ter e haver, verbos diferentes, e em situações próprias.

A distinção entre onde e aonde. Aquele é fixo, e este em movimento (a + onde = para onde, para que lugar).

Vale como exemplo o verso de Carlos Drummond de Andrade (1963): "Pediram-me que definisse o Arpoador. É aquele lugar dentro da Guanabara e fora do mundo, aonde não vamos quase nunca, e onde desejaríamos obscuramente viver" (Crônica Carioca de Todos os Tempos, 1963).

A palavra cônjuge é invariável (masculina e feminina).

O pleonasmo é uma repetição de ideias ou palavras. Assim ocorre em acordo amigável. Ora, se há acordo, ele sempre é amigável, ainda que os acordantes não estejam satisfeitos. Há cinco anos atrás. Ora, se é passado, só pode ser atrás.

Há expressões latinas ou estrangeiras muito repetidas no linguajar jurídico, como *ad exitum*, significando êxito, sucesso, encontrados nos contratos de honorários profissionais, como *pro labore*, a parcela inicial ou introdutória de honorários. Estão tão arraigadas, que não sugeriram o abrasileiramento. *Data venia* é uma expressão de licença, respeito, a introdução para uma discordância, especialmente da decisão judicial, ou ao trabalho do adversário. Há exagero, excesso de mesura e sem apoio linguístico na expressão "datíssima vênia", que na origem não existe.

Repete-se, constantemente, no processo: não há nulidade sem prejuízo. E invoca-se a expressão francesa *pas de nullité sans grief*. Bela expressão acadêmica, apenas cuidado na pronúncia *grief* - que se lê "griéf", e não grife (isso se refere a roupa ou vestuário).

Nossa linguagem tem inúmeros neologismos e, em direito, não se escapa. A palavra "prequestionamento", muito citada no recurso especial (STJ) e no recurso extraordinário (STF) não é dicionarizada. Ela surge em 1963, na Súmula nº 356/STF. A questão deveria ser debatida, apreciada, para se admitir o acesso aos recursos. Questionamento prévio.

A interposição é adequada para o recurso, que é colocado contra a decisão, assim posto entre a decisão e o tribunal a examiná-la (art. 996 do CPC). Veja-se ainda que há o verbo interpor - pôr entre.

As expressões "colenda" e "egrégio", referentes a tribunais ou câmaras julgadoras, o tempo as suprimirá.

A expressão "decisão monocrática" induz decisão singular, como é a do juiz, mas entendê-la no colegiado é deturpável, porque o desembargador ou o ministro pode decidir sozinho, submetido ao colegiado.

Expressão de mau gosto é o "acórdão guerreado". Já Calamandrei falava o processo como jogo, não como guerra.

Há neologismo insubstituível por língua nacional, porque arraigado, ou então sem condições - *leasing*. Este vem do verbo *lease* - arrendar, mas *leasing* tem mais além do arrendamento, a possibilidade de o arrendatário adquirir a coisa, num tempo.

Há expressões usuais, denotando uma realidade física, mais do que jurídica. O agravo retido fica no processo para exame posterior. "Substabelecimento com reserva" é expressão singular, e não plural:

a reserva é uma só, os poderes são múltiplos. A parte junta "contrarrazões", sem hífen. A expressão "em anexo" teve repúdio de abalizados gramáticos, mas hoje não ofende usá-la.

Outras expressões não jurídicas empolgam o mundo jurídico.

"Advogado de porta de cadeia" - aquele simplório, curto de recursos técnicos, sempre pronto para atuar.

"Debaixo de vara" - a imposição da justiça, se não vier por bem (citado, intimado), virá forçado.

*A quo* indica a primeira instância, ao contrário de *ad quem*, acima, alçada superior. Quando se diz ficar *a quo*, significa ficar no mesmo lugar.

"Oitiva" se relaciona com audiência, fala, manifestação. Foge-se de auditiva, parecida com orelha.

*Prima facie* é o primeiro aspecto, à primeira vista.

"Quem cala consente" - numa origem latina *quit tacet consentire videtur*, liga-se ao silêncio como manifestação da vontade.

"Folha" e "página" dos autos - aquela é a indicação, esta é o conjunto frente e verso. Comumente é folha, porque não se escreve, nos autos, no verso, tanto que, quando há uso do verso, assinala-se "fls./v".

Durante a pandemia (Covid-9), expressões afloradas ou criadas diante da impossibilidade de realização das sessões tradicionais - juízes e advogados numa sala. Quando na sessão estão presentes juízes e advogados, chamou-se presencial. Já julgamento em plataformas digitais constitui sessão virtual, em que são lançados relatórios e votos, e os julgadores aprovam ou não, sem presença, apenas no computador. Na sessão por videoconferência, aparecem os julgadores e os advogados, e este com sustentação oral, mas cada um em suas casas, gabinetes e escritórios.

Em resumo, aplica-se ao diário forense uma observação de Millôr Fernandes: a crase não foi feita para humilhar ninguém, a língua é transmissão de pensamento erigida em palavras. Vale mais a linguagem, o entendimento, sem bater nas expressões jurídicas, porque elas são técnicas, às vezes, seculares, e representam um patrimônio cultural jurídico.

## 44. Segurança jurídica

Após a edição do livro *Devido Processo Legal* (2018), de minha autoria, senti a repercussão do tema e vi no site do STF (20.5.2020): 74.000 referências e 244.308 referências no STJ (20.5.2020), mas conclui sobre a importância do tema para uma ordem jurídica com certeza e segurança na preservação da confiança pública, como mostra Humberto Ávila (2011).

A segurança jurídica não é a estagnação; é o progredir, alterar, divergir, porque, como assinalava Thomas Jefferson em seu discurso de posse na presidência dos Estados Unidos (1801), toda diferença de princípios, mas as relações estabelecidas serão respeitadas. A persistência da Constituição é a sobrevivência da democracia (Ulysses Guimarães - 5/10/88).

A segurança jurídica é um esteio democrático, por isso o Pacto de São José (art. 8º, I) coloca-a em destaque.

Não é possível estabilidade das relações sem possibilidade de confiança, principalmente em relação ao poder público. Ao lado dessa consequência, é imprescindível o apoio do devido processo legal, como assinalou Felix Frankfurter, da Suprema Corte dos Estados Unidos:

> O devido processo é um componente da História, poderoso instrumento de resistência do processo democrático que professamos. O devido processo não é um instrumento mecânico. Afigura-se como um delicado processo de ajustamento inafastável envolvendo a atividade judicial por aqueles a quem a Constituição confiou o desdobramento desse processo. (Steven Gifis - Law Dictionary, 2ª ed., p. 146).

A presidir a segurança jurídica, a confiança no poder público, nos contratos, a não alteração de regras administrativas, assim erigimos o princípio da confiança, colocado em destaque no voto do Ministro Gilmar Mendes no MS nº 24.268, do STF:

> 7. Aplicação do princípio da segurança jurídica, enquanto subprincípio do Estado de Direito. Possibilidade de revogação de atos administrativos que não se pode estender indefinidamente. Poder anulatório sujeito a prazo razoável. Necessidade de estabilidade das situações criadas administrativamente. 8. Distinção entre atuação administrativa que independe da audiência do interessado e decisão que, unilateralmente, cancela decisão anterior. Incidência da garantia do contraditório, da ampla defesa e do devido processo legal ao processo administrativo. 9. Princípio da confiança como elemento do princípio da segurança jurídica. 9. Princípio da confiança como elemento do princípio da segurança jurídica. Presença de um componente de ética jurídica. Aplicação nas relações jurídicas de direito público.

No caso concreto, o TCU cancelou uma pensão sem direito de defesa, 20 anos após. Desconstituiu-se um direito, sem dar oportunidade à interessada do contraditório. Comumente, vencimentos são atingidos por interpretações administrativas, mas irredutibilidade deve ser assegurada, com segurança jurídica (STF – RE nº 217.141 – Rel. Min. Gilmar Mendes).

A Constituição é bem expressiva ao proteger o ato jurídico perfeito, o direito adquirido e a coisa julgada (art. 5º, XXXVI), mesmo assim, há muita ofensa, ainda que a segurança jurídica seja um privilégio.

O STF tem grande preocupação com a estabilidade da segurança jurídica ao inserir entre as súmulas vinculantes a de nº 3 (contraditório e ampla defesa no TCU) e a de nº 14 (direito de acesso do defensor aos elementos de prova). É certo na edição das Súmulas nº 473 e 346, sobre a possibilidade da anulação de atos administrativos, com viés autoritário, mas, no tempo, minoradas com o respeito ao direito de terceiros. Incide, na mesma crítica, o Tema nº 839 (repercussão geral) sobre a anulação do ato após cinco anos.

No processo civil, a estabilidade da jurisprudência e das diretrizes normativas exige a segurança jurídica, a partir da razoável duração do processo (art. 5º da CF/88), mas o atual Código de Processo Civil se preocupa intensamente com essa estabilidade quando admite o incidente de resolução de demandas repetitivas para pôr fim ao debate infinito dos mesmos temas, com risco de ofensa à segurança jurídica (art. 976, II, CPC/CF). Não se admite a alteração de jurisprudência dominante do STF e dos tribunais superiores sem a modulação da alteração no interesse da segurança jurídica (art. 927, § 3º, CPC). Para a garantia da jurisprudência pacificada, há necessidade de fundamentação adequada (art. 927, § 4º, CPC). Ora, a modulação de efeitos tem um significado especial: prestigiar as súmulas para evitar a insegurança jurídica (art. 103-A, § 1º, CF/88).

A adoção da modulação de efeitos tem grande significado a partir da declaração de inconstitucionalidade, essencialmente no STF (ADI), porque o pedido de declaração de inconstitucionalidade, sem decadência, isto é, a qualquer tempo (súmula/STF), em consequência, uma lei, a partir, de 1988, pode ser declarada inconstitucional, com os seus reais efeitos. Suponhamos uma lei administrativa sobre servidores declarada inconstitucional e seus efeitos: anula os atos anteriores, desconstitui atos e desestabiliza as relações jurídicas, daí surgir a possibilidade de modulação dos efeitos dessa decisão porque, à luz da tradicional doutrina, a declaração de inconstitucionalidade acarreta a nulidade (*ex radice*), portanto, *ex tunc*. A modulação dos efeitos dá sustentação à segurança jurídica.

A Lei nº 13.655/2018 (LINDB) exerce papel fundamental no respeito à segurança jurídica, em especial o art. 24, ao não admitir a revisão de atos administrativos sem justificativa, e essa lei trata de disposições sobre a segurança jurídica.

Uma seara propícia à ofensa à segurança jurídica está no procedimento administrativo, daí a importância da Lei nº 9.784 (Lei do Procedimento Administrativo).

Ao lado dessas soluções, é importante a atuação do advogado, tanto que o art. 133 da Constituição o erige como indispensável à justiça.

Diante da alta importância na função de controle da administração, o Tribunal de Contas exerce grande papel, mas, como é regido por regras especiais no procedimento administrativo, essa ampla atuação dá margem a desvio, por isso pode atingir a segurança jurídica, tema discutido em decisões do STF (MS nº 23.981 e MS nº 35.196).

Ao lado da atividade jurídica, muito preocupada com a insegurança jurídica, a atividade econômica sofre intensamente com a insegurança jurídica (tributária, administrativa, violação de contratos) (ARAGÃO).

Durante certo tempo, respeitável corrente doutrinária sustentava a chamada flexibilização da coisa julgada, em tangente ao princípio constitucional da coisa julgada (art. 5º, CF/88). Tal diretriz não vingou, forte no abalo da segurança jurídica.

## 45. Insegurança jurídica

Não é erro de grafia, porque antes já escrevera sobre a segurança jurídica.

No mundo jurídico brasileiro, a insegurança jurídica é a regra, infelizmente, porque tolhe o desenvolvimento humano, é obstáculo aos negócios jurídicos a sua desconfiança (o contrato sempre é provisório) e fecha o interesse internacional pela economia brasileira.

Ao buscar as causas dessa insegurança, vamos ao salutar princípio do acesso à justiça, tão antigo e necessário, nascido da superação da velha disputa individual, superada pela justiça, como instituição, para garantir ou restabelecer direitos. Esse acesso tem sido usado indevidamente, em excesso, puro demandismo, longe da mediação ou da conciliação. O indivíduo quer demandar, não encerra o litígio no acerto ou na concessão – é o mau uso do acesso à justiça. Muitos por protelação e outros, maus pagadores. Infelizmente, é a deturpação de um princípio salutar ao Estado de direito e importante na sua existência, pois o cidadão acredita na justiça (assim os bem-intencionados).

As consequências são notáveis a partir do não cumprimento do princípio da razoável duração do processo (art. 5º, CF/88 e art. 976, III, CPC). É o mau uso do acesso à justiça e do instrumental processo para a defesa dos legítimos interesses.

Usa-se intensamente a liquidação da sentença para o não cumprimento da decisão liquidanda e, ao fim de tudo, na via ordinária, é proposta a ação rescisória e, em especial, por ofensa à norma jurídica. Qual ofensa? E a norma jurídica? O demandista profissional encontrará algo, pois tem dois anos para pensar como burlar o grande princípio de respeito à coisa julgada.

Há sensível abalo econômico na imprevisibilidade econômica. A insegurança não permite a estabilidade econômica, especialmente, na empresa, no emprego, na ação evolutiva dos meios de produção.

A tributação excessiva, por si, já é entrave à economia, e pior a sua aplicação e interpretação. O agente fiscal é árbitro de aplicação de lei tributária. Quando tributar ou quanto pagar? Fica ao arbítrio da autoridade, porque a lei não foi clara, objetiva, ou então a sofreguidão fiscal. Precisa de receita? Tributa.

O contrário é vítima da insegurança. Não basta a autonomia dos contratantes, a manifestação de vontade, mas a sua execução, obstada por má-fé ou por má redação. Enfim, o dogma do escrito nem sempre vale.

Tiramos, então, dessa insegurança lições projetadas pelo descrédito nos institutos jurídicos. O desequilíbrio econômico financeiro das relações empresariais, a partir do desprestígio do contrato, e o desrespeito à propriedade.

Quais são as soluções?

No âmbito judicial, o respeito à jurisprudência. Não alterar os precedentes sem fatos novos (ex. alteração da lei) e evitar a decisão surpresa (art. 10, CPC). Muito se debate sobre a possibilidade de modulação dos efeitos nas decisões de inconstitucionalidade (*ex tunc / ex nunc*). Tal possibilidade surgiu com a Lei nº 9.868/99. Enfrentava-se a tese central da nulidade da lei declarada inconstitucional (*ex radice*). Vê-se, no plano jurídico brasileiro, que não há decadência para a propositura da ação de inconstitucionalidade (Súmula nº 360/STF), o que significa, numa hipótese que una 20, 30 anos após a sua edição, que a ação pode ser declarada inconstitucional. E os efeitos? Quantas situações jurídicas envolvidas, principalmente ao campo tributário e administrativo! Há necessidade de proteção de expectativas (ver voto do Ministro Gilmar Mendes na ADI nº 3.674 e voto do Min. Luís Roberto Barroso na ADI nº 4.481; art. 927, § 3º, CPC e art. 535, § 6º, CPC).

Inexistência de buscas oscilações legislativas, sempre no respeito ao Legislativo, na sua nobre função.

O Executivo preserva a estabilidade.

## 46. Mudanças no processo civil: grande reforma estrutural

Ao longo das últimas décadas, assistimos, discutimos e aplaudimos debates sobre reforma do Judiciário, e elas ocorreram em 1946, 1957, 1967, 1969, 1988, e Emenda Constitucional nº 45, além de inúmeros projetos de alteração da estrutura do Judiciário.

Perseguem-se dois ideais – rapidez e segurança nas decisões. A primeira está na Emenda Constitucional nº 45 e no art. 5º da Constituição Federal. A segurança melhora com o aperfeiçoamento dos concursos para a magistratura e a atualização constante dos juízes.

Essas reformas ou alterações da estrutura do Judiciário não atenderam ao binômio acima falado.

Vamos para outro vértice – as reformas processuais, além das grandes (1974 e 2015 – códigos), inúmeras leis esparsas, com artigos, aditivos acrescidos de letras A, B. Tudo isso tem sido frustrante porque o binômio acima não tem sido alcançado.

Na longa experiência da advocacia e transitoriamente como juiz (TSE), afirmo que o binômio acima, repito, só será alcançado com uma grande e corajosa mudança estrutural do processo civil, com características nacionais próprias, e não erudição exterior, muito interessante na área acadêmica, e não na vida diária forense.

Entendo, para a primeira instância, o avanço nos meios eletrônicos de comunicação dos atos (arts. 246, V, e 270, CPC) ainda dependente de lei reguladora.

A videoconferência (art. 236, § 3º, CPC) deve levar à supressão, hoje rara, das audiências.

Hoje, os advogados se adaptaram bem à eletrônica e à internet, e naturalmente ficarão felizes sentados em seus escritórios.

O capítulo das nulidades, sempre arguidas pelo vencido, ou em vias de perder, deve ser prestigiado a partir do art. 283 do Código de Processo Civil (antigo 244/74), no dizer do saudoso Sálvio de Figueiredo Teixeira, o mais importante artigo do Código de Processo Civil, porque adota o princípio da instrumentalidade. Ainda que o ato não seja praticado na forma estabelecida, atingiu seus objetivos.

Outra regra de ouro nas nulidades – não há nulidade sem prejuízo (*pas de nullité sans grief*), para opô-la às constantes arguições sem demonstração de prejuízo. Acentuar o princípio da preclusão (art. 278, CPC) para evitar as nulidades de bolso, argui-las quando quiser.

Prosseguiu o atual Código de Processo Civil, com a remessa necessária (art. 496, CPC), naturalmente, por reivindicação do poder público. A remessa (*recurso ex officio*) vem de um tempo de quadros exíguos de advogados do poder público, e, em relação a causas do interior, sem qualquer defesa por advogado ou procurador. Hoje, com internet e processo eletrônico, não se justifica o instituto que atrasa, e muito, o processo com o poder público (União, estados etc.).

Os cartórios devem ter agilidade no andamento do processo, como auxiliares da justiça, em atos burocráticos, liberados do tempo do juiz (art. 209, CPC - juntadas, vista, certidões etc.).

O juiz de primeira instância deve ser prestigiado em suas decisões (Mauro Cappeletti criticava o sistema processual italiano no menosprezo à primeira instância e a glória das cortes superiores (CAPPELLETI, 1974). Causas deveriam começar e terminar ali. Isso não é novidade, porque deu à justiça federal as chamadas causas de alçada (valor da causa) sem apelação. Essa limitação englobaria, além do valor da causa, natureza do feito, matérias, ninguém julgar, melhor uma demanda condominial do que o juiz, perto dos fatos e das pessoas. A matéria locatícia entraria nessa limitação.

Importante a especialização das varas, embora não basta isso somente - cível e criminal, e mais sobre matérias ou processos (em Cuiabá/MT, há vara especializada de ação civil pública; no Rio, Juizado Especial do Torcedor).

Impressiona o alcance de medidas cautelares contra ato do presidente da República ou contra ato de governador de estado. O juiz federal, em Boa Vista, Roraima, pode conceder uma liminar contra atos do presidente da República em Brasília. Falamos de uma capital, mas há 260 varas federais no interior. O mesmo problema com o governador, com liminar concedida pelo juiz da comarca mais distante. Ora, lógico, essas autoridades serem demandadas na capital, onde há documentação e defesa dos seus atos.

O processo de execução no Brasil encontra seu esteio em Franz Kafka, tais os tormentos e dificuldades. É outro processo, mais confuso que o processo de conhecimento. Há necessidade da defesa do executado, mas, acima de tudo, do exequente, que já ganhou, e não levou.

Não é possível a adoção de procedimentos gerais no processo ordinário em matérias totalmente diversas como locação, responsabilidade civil, família. Para esses, a adoção de procedimentos especiais, rápidos e objetivos.

A uniformização de jurisprudência foi bem delineada no Código de Processo Civil de 1974, ainda que inoperante. No atual, há grande incremento e importância (926 e segs., CPC), mas não há um objetivo para essa divergência, não resolvida nas demandas repetitivas (art. 976, CPC) nem nos embargos de divergência (art. 1.043, STJ/STF), aqui paradoxal, porque argui a divergência do julgado com outro, como se o ministro não conhecesse a jurisprudência da casa. Mas a arguição só tem cabimento por provocação de componente do colegiado.

Os embargos de declaração têm uma lógica e destinação no processo, mas têm sido manejados como protelação e demora no processo. Arguida a omissão ou a contradição, a questão está prequestionada para o *ad quem*, como fez o STF. Os embargos de declaração servem como instrumento de barganha para a obtenção de um acordo, ou uma possível vantagem que raramente ocorre. Os embargos de declaração servem de alento ao advogado, que, sabedor do não cabimento, ilude o cliente com possível vitória, rara no concreto.

Para o STF/STJ, urge a adoção de medidas restritivas de acesso. Não é novidade, porque, em 1977, a reforma de então admitiu essa restrição no Regimento Interno do STF, quando foi criada a arguição de relevância.

Em consequência, seria abolido o juízo de admissibilidade. Ontem, não admitido o REsp/RE, interpunha-se o agravo de instrumento. Hoje, apenas a interposição do agravo. Dois tempos longos. O juízo de admissibilidade foi instituído em 1956. Cabia ao presidente do Tribunal de Justiça esse exame, e assim ocorreu com trabalho pessoal. Com o tempo e os inúmeros recursos, passou ao vice-presidente, apoiado por juízes e assessores. O juízo de admissibilidade só provou uma forma de retardar. No Código de Processo Civil foi extinto, mas restabelecido.

A coisa julgada é altamente prestigiada até na Constituição (art. 5º, XXXVI), no entanto pode ser derrotada na ação rescisória. Dir-se-á que a lei não pode prejudicar a coisa julgada, mas o próprio Judiciário pode.

A ação rescisória por violação da norma jurídica (art. 966, V) é novo processo de conhecimento. As outras hipóteses (dolo, coação, erro de fato) já foram amplamente apreciadas no processo de conhecimento e, muitas vezes, na execução.

Invocamos pronunciamento de juiz de carreira, excelente magistrado, o Ministro Marco Buzzi – "roga-se sejam revogados todos os rumores e disposições de ânimos contrários à simplificação do atual sistema judiciário" (site CONJUR – 11/5/2020).

O processo preocupa o cidadão, aqui e no mundo, desde longe. Em 1855, o escritor Manuel Antônio de Almeida publicou o conhecido livro e hoje clássico *Memórias de um Sargento de Milícias*. Já na sua abertura, o narrador se mostra preocupado. Vejamos a narração:

> Uma das quatro esquinas que formam as ruas do Ouvidor e da Quitanda, cortando-se mutuamente, chamava-se nesse tempo – *O canto dos meirinhos* – e bem lhe assentava o nome, porque era aí o lugar de encontro favorito de todos os indivíduos dessa classe (que gozava então de não pequena consideração). Os meirinhos de hoje não são mais do que a sombra caricata dos meirinhos do tempo do rei; esses eram gente terrível e temida, respeitável e respeitada: formavam um dos extremos da formidável cadeira judiciária que envolvia todo o Rio de Janeiro no tempo em que a demanda era entre nós um elemento de vida: o extremo oposto eram os desembargadores. Ora, os extremos se tocam, e estes, tocando-se, fechavam o círculo dentro do qual se passavam os terríveis das citações, provarás, razões principais e finais, e todos esses trejeitos judiciais que se chamava o *processo*. (ALMEIDA)

## 47. Esporte no mundo jurídico

Não vamos tratar de Direito Desportivo, mas de grandes apreciadores de esportes, os mais variados, seja como praticantes, seja como torcedores, na área jurídica, magistrados e advogados.

O Ministro Luiz Gallotti era entusiasta do Fluminense Futebol Clube e seu grande benemérito.

O Ministro Eloy da Rocha, do Rio Grande do Sul, que chegou à presidência do STF, era torcedor do Internacional. No seu tempo, em Brasília, não havia transmissão direta dos jogos, fora os do Rio de Janeiro. Então, Eloy ligava para o filho, em Porto Alegre, de meia em meia hora para acompanhar o resultado.

Os gaúchos se dividem em colorados (Internacional) e gremistas (Grêmio). Aqui estava o Ministro Leitão de Abreu e todo o governo do Presidente Médici. Leitão participava ativamente dos destinos do Grêmio, como compra de jogadores, eleição da diretoria etc. Mais recente, o Ministro Teori Zavascki era gremista e sempre provocado quando das derrotas para o Internacional.

No início de Brasília, veio com o STF o Ministro Ari Franco, carioca, torcedor fanático do Bangu Atlético Clube, instalado no subúrbio carioca de Bangu, onde nascera Ari Franco e onde foi sepultado.

Praticante esportivo, o Ministro Carlos Velloso é grande entusiasta do tênis. Certa vez, participou de um torneio na Esplanada dos Ministérios. No decorrer do jogo, com sua precoce cabeleira branca, ele era um sucesso, e os jovens da plateia gritavam: "Dá-lhe, vovô! Você é o máximo!"

Não se esqueça de fanáticos assumidos, como o Ministro Marco Aurélio Mello, com o hino do Flamengo como som de chamada do celular.

O Ministro Luiz Fux tem paixões duplas: Fluminense, no futebol, como bom carioca, e ardoroso nas lutas de UFC (boxe).

O Ministro Alexandre de Moraes revelou seu pendor futebolístico – Corinthians – ao levantar uma caneca, numa videoconferência, com o símbolo corintiano.

Antes da Constituição de 1988, havia grande disputa judicial em torno de partidas, jogadores, classificação, paixão superada pelo art. 217, § 1º, da Constituição, que só admite o acesso ao Judiciário após o esgotamento das instâncias da justiça desportiva.

Em 1986, houve uma grande luta judicial, em São Paulo, sobre as classificações no campeonato paulista de futebol, com paralisação das partidas e até intervenção na Federação Paulista de Futebol.

Na paixão corintiana, Rubens Approbato Machado, ex-presidente da OAB/SP e do Conselho Federal, ficava arrasado com as derrotas do seu time, em rixa (fraterna) com Ives Gandra da Silva Martins, do São Paulo Futebol Clube.

Certa vez, era presidente do antigo TFR, o Ministro José Néri da Silveira, que deveria decidir sobre um prélio futebolístico. Já tarde da noite, em sua residência em Brasília, chamou a imprensa, que transmitiu do seu apartamento a decisão proferida. Hoje essa luta está na justiça desportiva.

## 48. Modernização e atualização do Judiciário

Durante muito tempo, ironizava-se o progresso do Judiciário. Como marco histórico, a máquina de escrever, que reinou até o advento do computador, antes bico de pena e caneta tinteiro.

A informática deu salto na apresentação do Judiciário no aspecto gráfico, na comunicação dos atos, no arquivo de dados, na informação de dados e no andamento de processos. Acabou-se a ficha dos arquivos dos tribunais, manipulada por doutos servidores, informantes privilegiados do andamento dos processos, e institui-se a informática jurídica, enformada da informática, adaptada ao mundo jurídico. Aqui, um capítulo especial – a jurisprudência.

No século XX, assim, de 1900 a 1970, as revistas jurídicas dominavam o acervo jurisprudencial (*Revista dos Tribunais, Revista Forense, Revista de Direito Administrativo*), até que se estabeleceu o chamado repertório oficial, aquela revista adotada como fonte credenciada para a demonstração da divergência. Bastava a citação do volume e da página, estava acertada a indicação da fonte. O acesso à jurisprudência é capítulo fantástico no mundo jurídico. Qualquer interessado tem acesso, e não somente os bem organizados. Nesse capítulo, é importante o aperfeiçoamento a partir das ementas dos acórdãos, que espelham, em resumo, os sentidos do julgamento; não basta uma nota genérica, aplicável a tudo.

Mais e mais, os precedentes são respeitados e conhecidos, como quer o Código de Processo Civil (art. 936). Ainda nessa seara jurisprudencial, a chamada inteligência artificial dará mais esclarecimentos e acessos aos julgados e precedentes.

A informação processual ganha notoriedade. Por sua abrangência e pela facilidade, qualquer usuário, de qualquer rincão do mundo, poderá ver o movimento de um processo, mas é importante, no setor da informática, a apresentação de programas objetivos e de fácil acesso, sem esoterismo técnico, só acessível aos gênios da informática. Na ponta dessas informações, estão as partes e os advogados, e tudo deve ser facilitado.

Advogados e juízes devem colaborar na apresentação de suas peças – claras, objetivas, fáceis de entendimento –, sem fugir da palavra técnica, do vocabulário jurídico, sem ataque ao juridiquês.

Há um interesse nacional na uniformização de dados, informações e apresentações, longe dos carimbos e das folhas soltas, e, sim, uma forma de andamento processual padronizada.

Atualizam-se as formas de comunicação, seja no digital (DJe), seja de modo pessoal, num caminho trilhado pela jurisprudência de respeito ao publicado no sistema.

Vamos a outra atualização, com a forma de julgamentos, além do clássico presencial (sessão em sala), o plenário virtual (voto do relator examinado no eletrônico pelos demais julgadores) e a videoconferência (ao vivo, não presencial, com a participação dos advogados).

O mundo se civiliza, e a tecnologia impõe formas de viver e atuar, principalmente nas profissões. A Justiça deve se modernizar além da máquina de escrever e do computador, juntando essas técnicas para uma melhor forma de prestação jurisdicional (PETER, 2020).

## 49. Crises – como enfrentá-las

Assim entendemos fato significativo, no Brasil ou no mundo, a determinar a mudança de rumos, de condutas, de destinos.

A crise econômica sempre abala os profissionais, ou o mundo, como ocorreu em 1929 com a famosa quebra da bolsa de Nova York ou, ainda nos Estados Unidos, a crise de 2008, chamada de Subprime, quando o excesso de contratos bancários cheios de vantagens desproporcionais ao risco econômico e financeiro estabeleceu uma quebra geral nos Estados Unidos, projetada no mundo.

No Brasil, no início do governo Collor (1990), o chamado congelamento de ativos (indisponibilidade financeira) acarretou pânico geral porque os profissionais liberais não recebiam nem pagavam. Como remediar?

A crise política atinge a todos ou a segmentos, como ocorreu em 1964. Paralisação de atividades, dúvidas, perseguições, e a classe jurídica, especialmente os advogados, sofria nesse quadro, sobretudo advogados de políticos ou aqueles de ideologia de esquerda, que também sofriam junto com seus clientes.

Passamos a crise de saúde, sanitária, como ocorreu com a famosa gripe espanhola (1918), com 50 milhões de óbitos no mundo e 30 mil no Brasil. Quantos profissionais, familiares, estruturas foram atingidas? Ao longo da história, várias epidemias aparecem (h1n1, gripe asiática), em especial do gênero influenza, que popularmente se chama gripe.

Em 2020, atingimos não uma epidemia, mas uma pandemia, atacada em todo mundo, sem distinção de continente, ou áreas urbanas ou remotas, com o chamado coronavírus ou covid-19. No Brasil, passamos de 150 mil mortes e milhões de infectados felizmente sem óbito.

Como sobreviver a tudo isso?

Há necessidade de reformulações na vida diária, nas unidades sanitárias e no modo de trabalho.

Ficamos em 2020. Que fazer? Fechar tudo *(lockdown)*? Trabalho em casa (*home office*)? Tudo veio em cheio. A classe jurídica, e em especial a advocacia, reformulou sua atuação a partir do uso da informática, sobretudo da internet, com os julgamentos em sistema virtual ou videoconferência. O processo eletrônico facilitou intensamente a atividade dos advogados no recesso de suas casas, mas em cima dos processos, na internet. Felizmente, passamos do processo físico (do papel), que estagnaria a justiça brasileira com fóruns e tribunais fechados, sem a movimentação dessa montanha de papel.

Qual será a consequência dessa crise sanitária?

Haverá alteração dessa crise sanitária?

Haverá alteração no ritmo de trabalho, pois muito pode ser feito em casa, pela internet. As reuniões serão virtuais ou vídeo. Os espaços físicos diminuirão, e a movimentação urbana cairá.

# V

# Estórias do Judiciário e da advocacia

Muitas notas pitorescas de juízes ficam no tempo, e, muitas vezes, trocam-se os nomes dos personagens, assim antigas estórias aparecem ainda hoje.

«« »»

Até 1934, o mandato do ministro do STF obedecia à regra americana "enquanto bem servir". Com isso, alguns avançaram no tempo, como o Ministro Hermínio do Espírito Santo. Numa discussão plenária, um dos componentes averbou a impossibilidade da sua condução como presidente da Corte porque ele era surdo. Reagiu o presidente: "É verdade, mas tenho um funcionário aqui, intérprete de tudo, por isso posso acompanhar os debates".

«« »»

Rico em estórias foi Ataulfo de Paiva (1867/1955). Ataulfo foi uma pessoa surpreendente porque, juiz de carreira, atingiu a presidência do Tribunal de Justiça do Distrito Federal, foi membro da Academia Brasileira de Letras - e seu presidente (1937), ministro do STF, não chegando a presidente porque a compulsória chegou antes, e nome da principal avenida no bairro do Leblon, Rio de Janeiro (em vida). Com tudo isso, não podia ser ignorante como fez crer o ferino crítico literário Agripino Grieco, mas o anedotário é rico, e o grande escritor José Lins do Rego, ao empossar-se na Cadeira nº 25 da Academia Brasileira de Letras, em sucessão a Ataulfo, fez cerradas críticas a Ataulfo.

«« »»

Clóvis Beviláqua afastou-se da Academia Brasileira de Letras porque sua esposa Amélia concorreu e foi derrotada sem, antes, haver o indeferimento da inscrição porque era mulher, e o Estatuto da

ABL rezava 40 escritores brasileiros. Na eleição de Ataulfo, todos votaram, até Rui, e Ataulfo dizia: eleito por unanimidade de todos. Rui afastara-se da Academia porque não eleito um candidato da sua preferência.

«« »»

Ataulfo pintava o cabelo, e, certa tarde, caiu magnífico temporal que molhou o terno branco e derreteu a pintura sobre o traje, que ficou avermelhado. Encontrando com um advogado, este pergunta: "Ministro, o senhor está ferido?"

«« »»

Em certo julgamento, o presidente do STF suscitou uma questão de ordem e colheu o voto de Ataulfo, que responde: "Com o relator". Reage o presidente: "Mas o relator ainda não votou". Ataulfo, rápido: "Sempre acompanho o relator".

«« »»

Ataulfo e outros acadêmicos foram ao Palácio do Catete visitar o Presidente Getúlio Vargas. Ataulfo, áulico como sempre, animou o presidente a entrar para a Academia. Getúlio reage: "Mas não há vaga". E Ataulfo encontrou a solução: "Se quiser, suicido-me".

«« »»

Ataulfo era uma pessoa educada, atenciosa, gentil, por isso ficava encarregado de recepcionar grupo de estudantes em visita ao STF. Um dos jovens pergunta: "Ministro, qual a natureza jurídica do casamento?" Ataulfo reage: "Não posso falar, porque esse tema pode chegar ao STF, e eu estarei impedido". Ataulfo prestou importante serviço social na divulgação da vacina BCG contra a tuberculose.

«« »»

Capítulo fértil de estórias é o relativo ao critério das nomeações para o STF. De longe, sempre se comentou que Afonso Pena, Presidente da República convidou Pedro Lessa para uma vaga (1907), e Lessa, residente em São Paulo, relutou, mas o presidente reagiu: "Indiquei, e vá tomar posse". Lessa volta e informa: "Não se pede a vaga, não é possível recusar a indicação". Em todas as indicações, não há concurso de títulos feito pelo presidente da República, o candidato os tem, apenas realçado por autoridade, amigos e até o presidente conhece o candidato.

«« »»

O advogado segura-se numa decisão do Supremo e afirma: "É de autoria do saudoso Ministro Luiz Gallotti". Enfim, o processo chega ao STF e é distribuído para o Ministro Luiz Gallotti, que despacha: "Para surpresa do ilustre advogado, o saudoso Ministro dá provimento ao seu recurso (RTJ 66/514).

«« »»

Corria o bonde pelo bairro do Flamengo e, nele, o Ministro Orosimbo Nonato é liberado do pagamento da passagem. Pergunta ao cobrador a razão. "Aquele senhor fez questão de pagá-la". Ao final da viagem, Orosimbo pergunta ao generoso pagador: "Qual a razão?" Responde: "O senhor foi relator de um processo de minha família. Tudo resolvido, acabou a briga. O senhor sabe: uma mão lava a outra.

«« »»

Qual sua profissão? Desembargador. E disso que preciso para desembaraçar mercadorias no Porto de Santos.

«« »»

O senhor foi juiz? Quando largou o apito?

«« »»

Certa vez, falava-se num nome para uma vaga no STF, e um dos Ministros argumentou: "Não pode, porque causará problema na estrutura física. Haverá a 12ª cadeira para sentar o ego do futuro ministro".

«« »»

Certa vez, o ministro relator pediu sessão de conselho (secreta) para um processo de investigação de paternidade. Baleeiro vota contra: "Haverá alguma coisa não conhecida de todos?"

«« »»

A justiça é cega, mas tem muito tato (Millôr Fernandes).

«« »»

Charles De Gaulle, Presidente da França, visitou Brasília e o STF em 1964. Era presidente o Ministro Ribeiro da Costa. A Corte não tinha cerimonial, e tudo era organizado pelo cerimonial do Itamarati, no Rio, porque este não se transferira para Brasília. Foi indicado um serviço de coquetel ao presidente francês, incluída taça de champanhe. Ribeiro da Costa reage: "Como vou servir ao francês champagne nacional? Sirvo, sim guaraná, e assim aconteceu, e nossas relações diplomáticas ficaram bem.

«« »»

Rui Barbosa, ao estilo da época, início do XX e fim do XIX, morava numa casa em Botafogo, Rio de Janeiro, onde hoje é o museu. Durante a madrugada, o conselheiro ouviu barulho no quintal. Era um ladrão de galinhas. O Conselheiro tenta convencer o larápio, e ao estilo vocabular muito empolado, o ladrão pergunta: "Então, posso levar ou não?"

«« »»

Já falamos no grande Rui. Bate-lhe à porta o açougueiro da esquina e consulta o notável jurista – e se um cachorro come um pedaço de carne? Responde o mestre: "O dono paga a carne". Responde o açougueiro: "Pague essa carne, porque foi o seu cachorro". E Rui volta: "E o senhor pague a consulta e o parecer".

«« »»

Ainda Rui. O conselheiro dava muito parecer para grupos pobres ou impossibilitados do pagamento dos honorários. Sua esposa resolve assumir a recepção dos pedidos, naturalmente, com pagamento. Quando surgiu o primeiro pedido (gratuito), ela respondeu: "Não, o conselheiro come".

«« »»

Um ilustre magistrado superior, com linguagem difícil e culta, aposentou-se e foi trabalhar, de graça, na Defensoria Pública. Surgiu o primeiro cliente gratuito, contou suas dúvidas e questões, e o magistrado aposentado reagiu: "O senhor tem toda razão. Vamos abroquelar a prefacial". O cliente fugiu.

«« »»

Um juiz de direito não gostava de petições longas e repetitivas. Então despachou: "Até onde li, indefiro".

«« »»

Casal chegou ao céu. Lá brigou e então pediu divórcio. Como demorassem no encontro de um advogado, foram a São Pedro. Este desculpou-se: "Não estava encontrando advogado no céu".

«« »»

O amigo sofria de doença no olho esquerdo. Prontamente, indicaram um grande especialista, e o paciente dirigiu-se, entrou, contou o caso, e o profissional respondeu: "Eu sou especialista em direito". Como anda a especialização médica. Na saída, viu a placa – Advogado.

«« »»

Jovem advogado abriu o escritório, sem cliente. Como ostentação, um carimbo de numeração das petições, começou pelo número 1.000.

«« »»

Às vezes, pensamos na ignorância profissional, mas ela é da escola e aperfeiçoa-se no exercício da profissão.

«« »»

O professor pergunta ao aluno o que é ordem da vocação hereditária. E o aluno solene: "Quando o filho segue a mesma profissão do pai".

«« »»

Que é Fazenda Pública? É uma propriedade agrícola do governo a que todos têm livre acesso.

«« »»

Na audiência, o réu se apresentou sozinho, e o juiz perguntou: "Quem é seu advogado?" "É Deus". O juiz responde: "Não pode, não tem inscrição na OAB".

«« »»

Numa vara cível em Brasília, o advogado pediu os autos da execução de uma promissória, e acabou com a prova da dívida: comeu a promissória.

«« »»

O advogado, veterano e cansado, só tinha um processo, um grande inventário, que ele prolongava e não encerrava. Certo dia, viaja, e jovem colega resolve peticionar e pedir a homologação e o fim do inventário. Requerido e deferido. O veterano retorna de suas gloriosas férias e pergunta pelo inventário: "Está encerrado". O veterano revolta-se – não podia porque ele sustentava a família com esse processo.

«« »»

– Há sorte num processo legal? Respondeu o velho advogado: "Mas começa às três horas da manhã na biblioteca".

«« »»

Clóvis Beviláqua, grande jurista, ao tomar um suco de laranja, não conseguia abrir o canudo. O garçom interveio: "Mas o senhor com essa idade não sabe descartar o canudo!" Ao lado, outro cliente chama o garçom e diz: "Mais respeito, esse é o grande Clóvis Beviláqua, autor do projeto do Código Civil". Responde o garçom: "Pode ser bom em Código Civil, mas péssimo no canudo".

«« »»

Figura hilariante e crítica, o Barão de Itararé, título atribuído sem nenhuma razão. Comunista, rebelde, foi preso no Rio. Levado ao juiz, este perguntou: "Sabe o motivo de sua prisão?" Respondeu o Barão: "Deve ser porque estava tomando café, e o policial me prendeu, deve ser por causa do cafezinho".

«« »»

O professor de Direito Comercial perguntou ao aluno: "Que é navio?" O aluno responde: "Tudo que flutua". O professor volta: "Então o pato é um navio?" Responde o aluno: "Tudo, menos o pato".

«« »»

Num concurso para o Ministério Público no Rio de Janeiro, havia a matéria Direito Marítimo. A banca reúne-se e depois de muito tempo volta e afirma: "O tema é navio, escrevam livremente". Um candidato fala baixo aos colegas: "A banca naufragou".

«« »»

Num seminário em Paris, discutiu-se – que é container. Um especialista afirma: "Uma caixa com objetos. Presente, o famoso comercialista René Rodière, volta – isso é a definição da caixa de fósforos.

«« »»

Já estamos nas definições. O grande crítico literário e professor de Filosofia do Direito do início do século XX, Silvio Romero, pergunta: "Que é o direito?" O aluno responde: "Um círculo sobre o qual o homem obra". Responde Silvio Romero: "É a definição de penico".

«« »»

Ainda sobre definição, o grande professor de Medicina Legal Hélio Gomes pergunta à aluna: "Que é vagina?" A aluna, constrangida (isso foi antigamente), baixa a cabeça, como se envergonhada. O mestre volta: "Minha filha, não é possível colar".

«« »»

Outro grande mestre, Haroldo Valladão, de Direito Internacional Privado, levava muitos alunos para a prova oral. Num desses, formulou longa e complexa questão de Direito Internacional Privado. Pergunta o mestre: "Como o advogado resolveria essa questão?"

Responde o discípulo: "Renunciaria ao mandato e indicaria o escritório do Professor Haroldo Valladão". Certamente foi reprovado.

«« »»

Nessa linha, muitos alunos chegavam ao quinto ano e não queriam largar a faculdade porque estavam ligados ao generoso restaurante da faculdade. Solução: provocar o Professor Valladão e ser reprovado. Ficava garantido o restaurante.

«« »»

Dizia-se que na Faculdade Nacional de Direito havia três cursos: bacharelado, doutorado e restaurantado.

«« »»

O Presidente do STF Ministro Carlos Thompson Flores fora internado no Hospital Distrital (hoje de Base), em Brasília, por problemas cardíacos. Numa sessão plenária de um tribunal superior, um funcionário informa ao presidente dessa Corte o falecimento do presidente do STF. Rapidamente, é comunicado a todos os ministros e suspensa a sessão, após vários discursos de pêsames. Passado algum tempo, os ministros são chamados ao plenário e o presidente comunica: "Infelizmente [*sic*] o presidente do STF não faleceu". Realmente, o Ministro Thompson Flores sobreviveu por muitos anos, e o anunciante faleceu antes.

«« »»

Com a aposentadoria compulsória dos três ministros do STF, em 1969, levantou-se um problema sobre o tempo de serviço do Ministro

Evandro Lins e Silva, que passara grande parte da vida na advocacia (sem contagem de tempo para a aposentadoria). Na verdade, ele tinha seis anos de serviço (o tempo do STF). A Procuradoria da República arguiu a proporcionalidade, e não a integralidade (como ocorrera com outros dois aposentados – Ministros Hermes Lima e Victor Nunes). O processo subiu ao TCU para o registro, e o Ministro José Pereira Lira, então, afirmou: "Se o ato não impunha a proporcionalidade (e era de força, com base no Ato Institucional nº 5), o poder não impôs essa restrição, como fizera com outras aposentadorias na mesma página do *Diário Oficial*. E assim o TCU registrou a aposentadoria integral do Ministro Evandro Lins e Silva.

«« »»

Tobias Barreto viveu longo tempo na cidade de Escada, Pernambuco, onde estudou, cresceu e ficou famoso. Um jornal local fazia ataques políticos e era aliado de Tobias. O diretor desse veículo foi processado, e Tobias tomou a defesa como advogado. Marcada a audiência, correu na cidade que Tobias iria à audiência com um punhal. Enfim, o dia. E o juiz, ao abrir a audiência, determinou a Tobias: "Deponha sobre a mesa a arma debaixo da camisa". E Tobias, prontamente, cumpriu: tirou uma banana e depositou sobre a mesa. Numa linguagem simbólica, Tobias deu uma banana para o juiz.

«« »»

Castro Alves foi aluno da Faculdade de Direito de São Paulo (Largo de São Francisco). Na prova oral de Direito Civil, o professor perguntou: "Que é poder marital?" E o poeta rapidamente fez um discurso em favor das mulheres, contra o abuso dos maridos contra as esposas. O mestre respondeu: "O senhor é um grande poeta, e uma negação em Direito Civil".

«« »»

Lucio de Mendonça, ministro do Supremo Tribunal, aceitou convite do Presidente Campos Sales para participar da delegação presidencial em visita à Argentina. Aceitou, mas Rui Barbosa, colega de Lucio na Academia Brasileira de Letras, escreveu duro artigo de crítica, invocando a separação dos poderes e a subordinação de um ministro do STF à chefia (ocasional) do Presidente da República (MONTELLO, Anedotário).

«« »»

Em certa época, na Justiça Eleitoral, os delegados de partidos faziam defesa oral nos tribunais regionais eleitorais. No Maranhão, o delegado do partido, em defesa no TRE, pediu a palavra, mas o presidente, ríspido, negou. Já o outro adversário pediu, e o presidente concedeu. O atingido perguntou: "Não entendo, você fala muitas vezes, e eu não posso". Responde: "Eu sempre digo *data venia*, e você entra direto".

«« »»

Nos tempos anteriores ao processo eletrônico, atuava o processo físico, em papel, e havia um importante instrumento – a agulha para furar as petições e enfiar uma linha. No Tribunal de Justiça do DF, a então Desembargadora Nancy Andrighi estranhou não receber processos. Apurou: o funcionário da agulha (costureiro) furou o dedo e infeccionou. Afastou-se do trabalho.

«« »»

Na transferência do STF para Brasília, naturalmente, vieram os processos ativos e inativos. Após seis anos (1966), o arquivo do STF descobriu caixas cheias de processos ativos, ainda não julgados. Que fazer? Reconhecer a omissão? Mandar tudo para julgamento? Alguns estavam no armário por décadas. Então, publicaram um edital para manifestação de interesse no prosseguimento, muitas partes pediram.

«« »»

Na Constituinte de 1987, um deputado inseriu emenda com a obrigatoriedade da conciliação em todas as demandas, já no início do processo, e não na audiência, como hoje (art. 359, CPC). Um ministro do STF, atilado e experiente, mostrou a burocracia a se instalar sempre com a audiência prévia de conciliação. A retirada da sugestão acarretaria um buraco no texto (lacuna), então esse ministro sugeriu: "Inclua a remessa obrigatória das ADIN (STF) à AGU para a defesa do ato ou texto impugnado". Ficou, está no art. 103, § 3º, da Constituição.

«« »»

Norma legal ou constitucional no Estado de São Paulo (muito antes de 1988) fixava a obrigatoriedade do exercício do cargo de conselheiro do Tribunal de Contas do Estado de São Paulo por cinco anos. Essa norma evitava, muitas vezes, a rápida passagem por essas cortes, com aposentadoria. O tema chegou ao STF, e o Ministro Victor Nunes Leal considerava inconstitucional, porque baseado no paradigma federal – no TCU, não se exigia tempo. O Ministro Hermes Lima reagiu – é constitucional, porque é moral (isso foi muito antes do art. 37 da Constituição de 1988 – moralidade administrativa).

«« »»

Muitas vezes, acredita-se na fidelidade do nomeado para o STF ao presidente nomeante. Em 1957, havia grande conflito nos quadros da

Marinha brasileira, onde se postulava mais uma vaga de almirante de esquadra. O Presidente Juscelino era contra as nomeações. O interessado impetrou mandado de segurança no STF, e o relator, Ministro Vilas Boas, deu liminar. Como Vilas Boas fora nomeado por Juscelino, certamente, não se acreditava nesse gesto, e, de fato, o Presidente Juscelino fechou a cara, e Vila Boas, com a intimidades entre os dois, porque iniciaram a vida juntos, nos Correios, respondeu: "Juscelino, sou mais político do que você, porque a liminar acabou com a crise na Marinha".

«« »»

A mesma fidelidade sempre é lembrada, muitas não correspondidas. O Presidente Lula nomeou três ministros: Peluso, Carlos Britto e Joaquim Barbosa. Esses três votaram contra os correligionários e amigos do presidente (Mensalão – Ação Penal 470). O Ministro Carlos Velloso foi nomeado pelo Presidente Collor, mas votou pela sua condenação. Já no governo Dilma, foram nomeados três ministros de altíssima qualidade: Teori, Fux e Barroso, que nunca seguiram (cegamente) o governo. Dilma, muitas vezes, rejeitou nomes muito apadrinhados (RECONDO, 2019).

«« »»

Frase repetida, nunca confirmada, mas importante para o prestígio do Judiciário, é atribuída ao Ministro Ribeiro da Costa, então presidente do STF (1964), sobre a ameaça de cassação de ministro do STF. Disse: "Se houver, fecho o Supremo e entrego as chaves no Palácio do Planalto".

«« »»

Ainda sobre gratidão do nomeado ao presidente da República, lembra-se do Ministro Carlos Madeira, juiz federal no Maranhão, ministro do antigo Tribunal Federal de Recursos, excelente figura humana e de juiz. Foi nomeado pelo Presidente Sarney para o STF. Ele era compadre e grande amigo do Presidente Sarney. O novo ministro foi sorteado relator de uma interpelação judicial muito anunciada. Logo afirmaram: "O Ministro Madeira não interpela o presidente". Ao contrário, deferiu essa interpelação.

«« »»

No Rio de Janeiro, um juiz excêntrico deu margem a muitas estórias. Certa vez, uma sirene dispara num veículo comum (fusca). O guarda de trânsito aproxima-se, surpreso, e pergunta: "Por que a sirene?" Responde o motorista: "Estou autorizado pelo juiz, em diligência como oficial de justiça". Outra vez, o advogado invoca um precedente do Supremo Tribunal, e esse magistrado responde: "Para mim, supremo só de frango".

«« »»

O professor de direito argui o aluno, e este nada, então o professor pede ao funcionário: "Traga capim". E o aluno responde: "Para mim, um cafezinho". Ainda sobre lista para vaga no STJ, dois candidatos fortes no Executivo. Ao final sai o fraco, o terceiro. Alguém diz: "Em lista, não há fraco!"

«« »»

Em 1969, por força do Ato Institucional nº 5, o Presidente Costa e Silva aposentou três ministros do STF – Victor Nunes Leal, Hermes Lima e Evandro Lins. A Victor Nunes, a Marinha solicitou a devolução da Medalha do Mérito Naval, a mais alta condecoração da Armada, que Victor recebera quando chefe da Casa Civil (1959). E mais, recebeu aviso de desocupação da casa funcional na Península dos Ministros (QL 12) em trinta dias.

«« »»

O Estado de Alagoas prestigiou seu filho Pontes de Miranda com a doação de bustos do grande jurista a vários lugares do Brasil. Num deles, a viúva do mestre foi encarregada de descerrar o objeto coberto, e o espanto da viúva: "Não é o meu marido!"

«« »»

Candido Motta Filho, catedrático de Direito Constitucional no Largo do São Francisco, chegou ao STF e, como ministro, proferia longos votos, recheados de belas citações. Certo dia, seu colega, o Ministro Orosimbo Nonato, com a prudência mineira, disse: "Ministro Motta, nesta casa ninguém ensina nada a ninguém!"

«« »»

Candidato a uma vaga no STJ pergunta ao ministro, eleitor: "Já leu a minha obra?" Não entrou em lista.

«« »»

Candidato a uma vaga no STJ entrega ao concorrente livro de sua autoria, com 600 páginas. O concorrente diz: "Estou perdido". Foi escolhido o sem livro.

«« »»

Com o Ato Institucional nº 2 (1965), o STF foi aumentado de 11 para 16 ministros. O Plenário, e só havia essa sala, tinha 11 cadeiras, e os novos 5 ministros? A mesa principal foi ampliada com dois ministros e aumentada a bancada, com muitos protestos arquitetônicos sobre a planta original.

«« »»

O procurador-geral da República, desde 1890, foi escolhido de várias formas. Na Constituição de 1891, era um ministro do STF. Depois (1934), ficou escolha livre do presidente da República (carreira ou não) até 1988 ela exercia a advocacia da União, era advocacia e Ministério Público, com escolha do presidente, mas na carreira. O Presidente Lula aceitou a formação de lista tríplice pela carreira. Já o Presidente Bolsonaro escolheu livremente na carreira (sem lista). Assinale-se, ainda em Procuradoria-Geral da República, que até 1988 ela exímia a advocacia da União e advocacia da União e Ministério Público. A partir, foi criada a AGU (Advocacia Geral da União).

«« »»

Sobre escolhas para o STF, Rui Barbosa, em 1908, defendia perante o Presidente Afonso Pena a nomeação do Desembargador Palma, do Tribunal de Justiça do então Estado do Rio, mas a indicação foi atropelada pela fama de o sugerido ser jogador. Rui escreveu carta ao Presidente Afonso Pena e confirmava o gosto do sugerido por carteado ou roleta, mas em ambiente seleto, doméstico, sério. E, nessa linha, que não desautorizava o prestígio profissional do homenageado, indicava e nominava vários ministros do STF como jogadores, dentre eles Lucio de Mendonça, fundador da Academia Brasileira de Letras e antecessor de Pedro Lessa no STF: "Não escolhia as casas onde jogasse: em toda parte o fazia" (LACOMBE, p. 377).

«« »»

Tito Fulgêncio, renomado professor mineiro e jurista, na década de 1920, ia à faculdade a cavalo. Saltava e prendia o animal numa árvore. De repente, o bicho desprende-se e entra na faculdade, e Tito Fulgêncio grita: "Segura, senão sai bacharel".

«« »»

Em 1961, no STF, o Ministro Gonçalves de Oliveira, recém-chegado, discute fortemente com o Ministro Nelson Hungria em torno de uma posição de jurista consagrado. Gonçalves levanta-se, sai da sala, pega o carro e volta. Espanto geral: foi buscar uma arma, sim, o livro que sustentava o debate.

«« »»

Na pesquisa do advogado para elaboração da petição inicial, é achado um acórdão do Ministro Orosimbo Nonato, no STF. Bom apoio. A ação corre e chega ao STF. Sorteado o relator – Orosimbo Nonato –, este vota contra aquela tese. O advogado aproxima-se do magistrado e pergunta: "O senhor mudou de opinião?" Orosimbo responde: "Não, evoluí".

«« »»

Paulo Brossard, então advogado, descia a Rua da Praia, em Porto Alegre, quando ouviu um grito: "Brossard! Brossard!" Olhou, não era um amigo, muito menos íntimo. Aproxima-se o gritador e pergunta: "Brossard, quais são as novidades?" Brossard responde: "Essa nossa intimidade!"

«« »»

Um dos orgulhos da Faculdade Nacional de Direito era a rica biblioteca (no acervo e no mobiliário). Durante uma diligência da polícia, a secretária alerta o Reitor Pedro Calmon: os alunos esconderam-se na biblioteca! Responde Calmon: "Os alunos desta faculdade não conhecem o caminho da biblioteca".

«« »»

Pedro Calmon examinava uma tese de doutorado e faz grande elogio ao candidato: "Sua tese é um belo queijo suíço!" E arrematou: "Mas só tem os furos!"

«« »»

Certa vez, o STF julgava um mandado de segurança cujo impetrante se chamava Antonio Calvo. Discutia-se tempo de serviço de aposentadoria. Mas o debate foi longe, e o impetrante, também advogado da causa, foi à tribuna para sustentar. Muita discussão, e um ministro argui: "Só há uma verdade: o nome do advogado Calvo" (ele era careca).

«« »»

O juiz julgava uma demanda de limites entre áreas rurais e começou a ditar a sentença – as áreas limitrofes. Um dos advogados, purista da língua, argui: "V.Exa. fala em limítrofes?" E o juiz pergunta ao outro advogado, e este, por conveniência, aceita as duas expressões, mas o juiz cobra: "Qual a sua posição? Eu acho limitrofes!" Ganhou a causa.

«« »»

O milionário, isolado, sem herdeiros, tinha no mordomo Alfredo a sua atenção – alimentação, vestuário, convivência, e o milionário afirmava: "Quando morrer, não esquecerei você". Enfim, na dobrada da vida, a abertura do testamento, e lá a partilha dos bens. No final, para o Alfredo? Como sempre disse, não esquecerei de você – tchau!

«« »»

Jovem advogado caminhou e prosperou longe dos olhos dos demais colegas. Um deles visita-o numa bela mansão, carrão na garagem, bela exibição financeira, e então afirma ao visitante: "Deus olhou para mim!" E o visitante exclama: "Olhou não, fechou os olhos".

«« »»

Na última semana do ano, o STF julgava *habeas corpus*, e todos os ministros concediam, mas o Ministro Antonio Neder pediu tempo porque a matéria era relevante e traria um voto longo. Com isso, o paciente passaria o fim de ano na cadeia, ainda que com dez votos pelo *habeas*. O Ministro Baleeiro, na Presidência, sugeriu: "Ministro Neder, V. Exa. nega o *habeas corpus* e faça um extenso voto, e eu peço a publicação na Revista Forense".

«« »»

Ministro do STF, com votos longos e minuciosos, deixava os ouvintes tontos, então outro ministro pergunta: "V. Exa., com seu poder de síntese, pode explicar qual a tese em discussão?"

«« »»

No início de Brasília (1960), a convivência entre as pessoas era muito necessária, na distância de suas origens, familiares e amigos. Na

Superquadra 206, um senhor simpático e prestativo resolvia os problemas dos moradores – luz, geladeira –, e os atendidos indicavam o seu Álvaro. Quem era? O Ministro do Supremo Tribunal, Álvaro Ribeiro da Costa.

«« »»

Um professor repetia a mesma palestra em todos os auditórios, mas não aceitava perguntas, com o pretexto do adiantado da hora, sempre avisado por um motorista. Este, após ouvir a mesma palestra, diz ao repetitivo mestre: "Já ouvi muitas e posso fazer essa palestra". "Ótimo, você fala e eu fico na porta". Mas a exposição foi rápida, e o motorista orador teve que aceitar perguntas. Responde: "Essa sua pergunta é tão fácil, que prefiro transferi-la ao motorista" (o autêntico professor).

«« »»

Já falamos acima em Ataulfo de Paiva. Dele assinalou-se a cordialidade (homem fino, polido), um grande filantropo, criou uma Fundação Ataulfo de Paiva para distribuição de vacina BCG (tuberculose) às crianças. Na sua morte, Carlos Drummond de Andrade escreveu excelente crônica de homenagem.

«« »»

Presidia a sessão do STF o Ministro Aliomar Baleeiro. Ao seu lado direito, o procurador-geral da República, então jovem José Carlos Moreira Alves, depois ministro e presidente da Corte. Baleeiro vira-se e afirma: "V. Exa. só tem um defeito – é muito novo".

«« »»

Um grande e destemido advogado, combatente, foi Sobral Pinto, nítida pobreza pessoal, missa diária, como professor da PUC/RJ rezava antes da aula. Está num grande livro de Graciliano Ramos – *Memórias do Cárcere.*

«« »»

Numa sessão solene do STF, o orador lia seu extenso discurso. Um ministro diz ao vizinho de cadeira: "Vai longe?" "Por quê?" "Ainda não chegou a Idade Média!"

«« »»

Martins Pena, escritor teatral do século 19, tem uma passagem em que o juiz é contestado pela parte na audiência. Diz o juiz: "Mando prender". A parte responde: "A Constituição não manda!" E o juiz replica: "Derrogo a Constituição. Está preso!" (O Juiz de Paz da Roça).

«« »»

Ainda Martins Pena, na briga de dois vizinhos sobre um leitão. O juiz resolve: "É melhor dar o animal a alguém, não digo a mim". Foi resolvido (O Juiz de Paz da Roça).

«« »»

Epitácio Pessoa, antes de ser Presidente da República, foi ministro do Supremo Tribunal por 10 anos. Foi o único na história do STF que nunca foi vencido como relator.

«« »»

Numa tarde de sábado ensolarado em Brasília, no Eixo auxiliar, num carro do STF, placa especial de bronze, acidentou-se junto ao meio--fio. Quem dirigia? O Ministro Antonio Neder.

«« »»

Um juiz naturalmente lento, em qualquer processo complicado, despachava: "Aguarde-se a jurisprudência".

«« »»

Um juiz, no interior, diante de processo complicado, despachava: "Suscito conflito de jurisdição perante o Supremo Tribunal". O escrivão, preocupado, disse ao magistrado: "Não será perante o Tribunal de Justiça?" Responde o magistrado: "É perante o STF, porque enquanto vai e volta, saio da comarca".

«« »»

Procedente do Largo do São Francisco, consagrado como mestre do Processo Civil, o Ministro Amaral Santos (STF) quis disciplinar a Corte na linguagem processual. Insistia muito na distinção entre processo e procedimento, mas o Ministro Baleeiro não corrigia. Um dia, Amaral repetiu: "Essa é uma lição tão simples, que dou aos meus alunos". Baleeiro responde: "Aqui os alunos são outros".

«« »»

Certa vez, o Ministro Cordeiro Guerra impressionou-se com o longo voto do colega, depois lamentou: "Ele não entendeu que é ministro do STF e fala por último".

«« »»

Há muito currículo (escrito ou hipotético) assinalando o convite para ministro do STF, sempre o convidado não aceitou. Somente há dois convidados (verdadeiros) sem aceitação. Sobral Pinto, vigoroso advogado no Rio de Janeiro, defendeu a posse de Juscelino, em 1956. Brigou intensamente, por convicção democrática, fora eleito pelo povo. Então, Juscelino, presidente, convidou Sobral Pinto para o STF, e ele não aceitou (pareceria defesa da posse como postulação). Outro foi o consagrado mestre Miguel Reale. Não aceitou, porque sua filha e genro faleceram num incêndio de um hotel em Estocolmo, Suécia, e ele criaria os netos, filhos desse casal (REALE, Memórias; FALCÃO, Tudo a declarar).

«« »»

Ainda vale lembrar Sobral Pinto, o advogado, simples, modesto, desprendido, muito corajoso, defendeu Prestes (1935), Olga Benário, mulher de Prestes, e Graciliano Ramos, com retrato no livro *Memórias do Cárcere* (VILLAÇA, 1996).

«« »»

O Ministro Antonio Villas Boas era conhecido por sua liberalidade na concessão de *habeas corpus*, hoje seria chamado de garantiste, era mais o coração e o sentimento. Ao contrário, o Ministro Osvaldo Trigueiro era duro, rígido. Certa vez, Villas Boas negava um *habeas corpus*, segundo Trigueiro, digno de concessão. Trigueiro vota: "Se o Ministro Villas Boas negou, quem há de conceder?"

«« »»

Na Assembleia da ONU, em 1947, o Brasil era representado por Ernesto Leme, consagrado professor da Faculdade de Direito do Largo de São Francisco. Muito educado e gentil, sempre se levantava para cumprimentar os oradores. Enfim, chegou a hora dele falar, ao final, toda a ONU foi aos cumprimentos do elegante brasileiro.

«« »»

Certa vez, no STF, em sessão administrativa, um ministro trouxe uma interpretação sobre o cálculo dos vencimentos dos membros da Corte, com aumento final. Um dos ministros reagiu, não concordava. O intérprete arguiu: "Essa matéria deve ser unânime. Como um ministro diverge, eu retiro minha posição". Logo, o oponente aceitou a interpretação, que saiu unânime.

«« »»

Advogado acompanhava outro advogado em suas inúmeras sustentações. E dizia: "Você nunca repete argumentos". Respondeu: "Não tenho boa memória".

«« »»

Professor de Direito Romano lia sua aula (como sempre fazia) e deparou-se com a palavra "viola". Parou e explicou que, na família romana, o pai, com uma viola, reunia-se e cantava. Virou a página da lição e via o resto "–ção". Era a palavra "violação", estava partida.

«« »»

Um desembargador recebeu a visita de outros colegas, que não encontraram um livro na casa do magistrado. Perguntaram: "E sua biblioteca?" O anfitrião leva o dedo à cabeça e diz: "Está tudo aqui".

«« »»

No início do século XX, houve um ministro do STF - Pindaíba de Matos - considerado o patrono dos funcionários. Pindaíba é a pobreza, o sem nada.

«« »»

O computador é um grande aliado do mundo jurídico (juízes e advogado). Mas há traições. O juiz insere alguma observação ao escrivão, e sai na publicação. Num estado, o *Diário Oficial* publicou um decreto de nomeação e junto indicação da primeira-dama do estado.

«« »»

Dois jovens formaram-se em direito. O rico ficou na capital, e o outro, pobre, foi para o interior. O da capital visita o colega no interior e vê sua riqueza, bela casa, carros importados, muitas propriedades e grandes conversas, e o ex-pobre comenta: "Deus olhou para mim!" E o rico rebate: "Olhou não, fechou os olhos".

«« »»

O Ministro Franciuli Neto, do STJ, foi procurado por pessoa do governo com a afirmação catastrófica - se a União perder essa demanda, o Tesouro ficará abalado! Respondeu Franciuli: "Se o Judiciário socorrer o Tesouro, o Estado de direito está abalado".

«« »»

Certa vez, o STF debatia tema de interesse de um Tribunal de Justiça em que o corregedor era pessoa controvertida. No debate, o Ministro Baleeiro disse: "Recebi um memorial do austero corregedor". Foi um riso geral.

«« »»

Muitas vezes, os mais próximos do presidente da República são os mais cotados para preenchimento de vagas no STF, exemplo procurador-geral da República. Assim ocorreu com Evandro Lins, Osvaldo Trigueiro, Moreira Alves e Sepúlveda Pertence, saídos da PGR para o STF. Houve exceções, como Geraldo Brindeiro (governo Fernando Henrique), Carlos Medeiros (governo JK) e Henrique Fonseca de Araújo (governo Geisel). Ocorreram vagas, e os presidentes nomearam outros juristas.

«« »»

Um jurista brasileiro falava na França e terminou: "Abaixo a burrice, viva a inteligência!" Palmas, aplausos. Por quê? O tradutor disse: "Abaixo a polícia".

«« »»

Uma senhora é apresentada a um senhor. Este diz: "Conheço, já dormimos juntos". A senhora repudia: "Sou casada, pessoa séria". Volta o senhor: "Não afirmei sobre esse aspecto, já dormimos juntos numa conferência do Professor de Direito Arquimedes".

«« »»

Um amigo afirma ao outro estar brigado com um terceiro porque ele não faz o prefácio de um livro de Direito Civil. Afirma o interlocutor: "Acabe com essa briga e faça o prefácio". Responde: "Ele ainda não escreveu o livro".

«« »»

O professor de Direito Civil perguntou ao aluno qual a teoria sobre a prescrição. O aluno responde: "Sigo a teoria mista porque, em direito, sempre há uma teoria mista, um pouco de tudo".

«« »»

Na tradicional e importante Revista Trimestral de Jurisprudência, o seu dirigente oficiou aos ministros com pedido de preferência para a publicação de seus principais acórdãos. Um insigne respondeu: "Quero todos! Acabou a preferência".

«« »»

Ministro Aliomar Baleeiro, certa vez, decidia uma questão familiar e invocou a informação bíblica de que o Rei Salomão tinha 700 concubinas e arrematou: "Mais de ostentação que consumo".

«« »»

O Ministro Amaral Santos era profundo conhecedor de bebidas. Certa vez, em jantar na casa de outro ministro, foi desafiado na identificação de uma bebida. Amaral provou, sentiu o aroma e disse: "É um conhaque espanhol, dos ruins".

«« »»

O Ministro Vilas Boas era um juiz generoso, bondoso e sempre na busca de uma solução benéfica. Certo julgamento, dava pensão a uma neta de um participante da guerra do Paraguai. O Ministro Osvaldo Trigueiro ficou em dúvida e perguntou: "O avô dessa pleiteante esteve na Guerra do Paraguai?" E Vilas Boas: "Não esteve, mas envolveu-se na guerra para conseguir os voluntários da pátria que foram à guerra".

# VI

# Referências bibliográficas

ABREU, Hugo. **O outro lado do poder**.

ALMEIDA, Manuel Antônio de. **Memórias de um sargento de milícias**.

ALVIM, Arruda. **A Alta Função Jurisdicional do Superior Tribunal de Justiça no âmbito do recurso especial e relevância das questões** – Revista de Processo, 96.

ANDRADE, Carlos Drummond de. **Antologia poética**. 11. ed. Rio de Janeiro: José Olympio, 1978.

ARAGÃO, Alexandre Santos de. **O princípio da proporcionalidade no direito econômico**.

ÁVILA, Humberto. **Segurança Jurídica**: entre permanência, mudança e realização no direito tributário. São Paulo: Editora Malheiros, 2011.

BALEEIRO, Aliomar. **O Supremo Tribunal Federal, esse outro desconhecido.** Rio de Janeiro: Editora Forense, 1968.

BAPTISTA PEREIRA, Antônio. **Ruy Barbosa e o Rio Grande do Sul**. Conferência feita no Rio de Janeiro a 27 de abril de 1923. São Paulo: Monteiro Lobato & C. Editores, 1923.

BARROSO, Luís Roberto. Constitucionalidade e legitimidade da criação do Conselho Nacional de Justiça, em Reforma do Judiciário, RT, 2005, p. 425.

BARROSO, Luís Roberto. *In*: NEVES, José Roberto de Castro. **Brasileiros**. 1. ed. Rio de Janeiro: Nova Fronteira, 2020.

BERLANZA, Lucas. **A virtude da polêmica**.

BEVILÁQUA, Clóvis. **Ensaios e estudos**. Vol. 1.

BEVILÁQUA, Clóvis. **História da Faculdade de Direito do Recife**: edição comemorativa do sesquicentenário da instauração dos cursos jurídicos no Brasil, 1827-1977.

BEVILÁQUA, Clóvis. **Juristas philosophos**.

BOBBIO, Norberto. **A era dos direitos**.

BOBBIO, Norberto. **O futuro da democracia**.

BROSSARD, Paulo. **J. F. de Assis Brasil**.

BUENO FILHO, Edgard Silveira. TÍTULO. *In*: *In*: ALVIM, Arruda; ALVIM, Eduardo Arruda; GALDINO, Flavio. **Uma vida dedicada ao direito:** Estudos em homenagem a Roberto Rosas. Salvador: GZ Editora, 2020.

CALAMANDREI, Piero. Eles, os juízes vistos por nós, os advogados. 5. ed. Lisboa: Livraria Clássica.

CALDEIRA, Jorge. **101 brasileiros que fizeram história**, 2016.

CALDEIRA, Jorge. **História da riqueza no Brasil**.

CALDEIRA, Jorge. **Nem céu nem inferno** – Ensaios para uma visão renovada da história do Brasil.

CALVINO, Ítalo. **Por que ler os clássicos**.

CAMARGO, Aspásia. Federalismo e identidade nacional. *In*: SACHS, Ignacy *et al*. **Brasil** – um século de transformações.

CAMPOS, Roberto. **A lanterna na popa**.

CAPPELLETTTI, Mauro. **Proceso, ideologia y sociedad**. Buenos Aires, 1974.

CARBONNIER, Jean. **Droit et passion du droit**, 1996.

CARDOSO, Fernando Henrique. **Pensadores que inventaram o Brasil**. São Paulo: Companhia das Letras, 2013.

CARDOSO, Fernando Henrique. TÍTULO. *In*: NEVES, José Roberto de Castro. **Brasileiros**. 1. ed. Rio de Janeiro: Nova Fronteira, 2020.

CARNEIRO, Athos Gusmão. Recurso Especial. 5. ed.

CARPEAUX, Otto Maria. **Pequena bibliografia crítica da literatura brasileira**.

CARVALHO, José Murilo de. **A construção da ordem** – Teatro de sombras.

CARVALHO, Luiz Maklouf. **1988**: Os Segredos da Constituinte – Os vinte meses que agitaram e mudaram o Brasil, 1988.

CASTRO, Ruy. **A arte de querer bem**. São Paulo: Estação Brasil, 2018.

CASTRO, Ruy. **Trêfego e peralta** – 50 textos deliciosamente incorretos. Seleção e organização Heloísa Seixas. São Paulo: Companhia das Letras, 2017.

CHAGAS, Carlos. **A ditadura militar e os golpes dentro do golpe**: 1964-1969: A história contada por jornais e jornalistas.

COELHO, Edmundo Campos. **As profissões imperiais.**

CORRÊA, Oscar Dias. **A Constituição de 1988** – Contribuição crítica.

CORRÊA, Oscar Dias. Assembleia Legislativa de Minas Gerais, vol. 2/818).

CRUZ E TUCCI, José Rogério. Lineamentos do precedente judicial. *In*: ALVIM, Arruda; ALVIM, Eduardo Arruda; GALDINO, Flavio. **Uma vida dedicada ao direito:** Estudos em homenagem a Roberto Rosas. Salvador: GZ Editora, 2020.

CRUZ E TUCCI, José Rogério. O problema da lentidão da justiça e a questão da súmula vinculante. **Revista da AASP**, São Paulo, n. 75, p. 73-77, 2004.

CUNHA, Euclides da. À margem da história. 3. ed.

DAVID, René. **Os grandes sistemas de direito contemporâneo.**

DOTTI, René Ariel. O tamanho do memorial. *In*: ALVIM, Arruda; ALVIM, Eduardo Arruda; GALDINO, Flavio. **Uma vida dedicada ao direito:** Estudos em homenagem a Roberto Rosas. Salvador: GZ Editora, 2020.

DULLES JR., John W. F. **Sobral Pinto** – a consciência do Brasil, 2001.

DULLES, John W. F. Carlos Lacerda – a vida de um lutador. Vol. 2: 1960-1977. Rio de Janeiro: Editora Nova Fronteira.

DUTRA, Pedro. **San Tiago Dantas** – a razão vencida. São Paulo: Ed. Singular, 2014.

FALCÃO, Armando. **Geisel** – do tenente ao presidente.

FALCÃO, Armando. **Tudo a declarar**.

FALCÃO, Joaquim de Arruda (org.). Mensalão – Diário de um julgamento. Supremo, mídia e opinião pública, 2013.

FERRAZ JR., Tércio Sampaio. **Direito, retórica e comunicação**. 2. ed. Saraiva, 1997.

FRAGOSO, Heleno. **Advocacia da liberdade**. Rio de Janeiro: Editora Forense, 1984.

FREYRE, Gilberto. **Sobrados e mucambos**.

FUX, Luiz. Notas sobre o princípio da motivação e a uniformização da jurisprudência. *In*: ALVIM, Arruda; ALVIM, Eduardo Arruda; GALDINO, Flavio. **Uma vida dedicada ao direito:** Estudos em homenagem a Roberto Rosas. Salvador: GZ Editora, 2020.

GALDINO, Flavio. Teoria dos Custos Judiciais

GARCIA, Maria. Roberto Rosas, biógrafo de Pedro Lessa. *In*: ALVIM, Arruda; ALVIM, Eduardo Arruda; GALDINO, Flavio. **Uma vida dedicada ao direito:** estudos em homenagem a Roberto Rosas. Salvador: GZ Editora, 2020.

GASPARI, Elio. **A ditadura acabada**.

GASPARI, Elio. **A ditadura envergonhada**.

GASPARI, Elio. **A ditadura escancarada**.

GODOY, Arnaldo Sampaio de Moraes. *In*: ALVIM, Arruda; ALVIM, Eduardo Arruda; GALDINO, Flavio. **Uma vida dedicada ao direito:** Estudos em homenagem a Roberto Rosas. Salvador: GZ Editora, 2020.

GODOY, Arnaldo Sampaio de Moraes. **Tobias Barreto** – uma biografia intelectual do insurreto sergipano e sua biblioteca com livros alemães no Brasil do século XIX. Juruá.

GUIMARÃES, Mario. **O juiz e a função jurisdicional**, 1958.

HOLANDA, Sérgio Buarque de. **Raízes do Brasil**.

HOLMES JR., Oliver Wendell. **The essential Holmes**: Selections from the Letters, Speeches, Judicial Opinions, and Other Writings of Oliver Wendell Holmes Jr.

LACOMBE, Américo Jacobina. **Afonso Pena e sua época**.

LEAL, Victor Nunes. Aspectos da Reforma Judiciária. **Revista de Informação Legislativa**, Brasília, v. 2, n. 7, p. 15-46, set. 1965.

LESSA, Pedro. **Do poder judiciário**. Brasília: Editora do Senado Federal, 2003. Prefácio de Roberto Rosas.

LIMA, Hermes. **Tobias Barreto**: a época e o homem. São Paulo, 1939.

LIMA, Hermes. **Travessia** – Memórias.

LINS E SILVA, Evandro. **Arca de guardados**.

LINS E SILVA, Evandro. **O salão dos passos perdidos**.

LIRA NETO, João de. **Castello** – A marcha para a ditadura, 2019.

LUCON, Paulo Henrique dos Santos. A aplicação do entendimento sumulado. *In*: ALVIM, Arruda; ALVIM, Eduardo Arruda; GALDINO, Flavio. **Uma vida dedicada ao direito:** Estudos em homenagem a Roberto Rosas. Salvador: GZ Editora, 2020.

MANN, Thomas. **A montanha mágica**.

MÁRQUEZ, Gabriel García. **Vivir para contarla**.

MATOS, Hebe. Assis Brasil e a criação da Justiça Eleitoral. *In*: SCHWARCZ, Lilia Moritz (org.). **História do Brasil nação.** Vol. 3. A abertura para o mundo, 1889-1930.

MAURO, Frédéric. **O Brasil no tempo de Dom Pedro II** – A vida cotidiana.

MELLO FILHO, José Celso de. Algumas reflexões sobre a questão judiciária. **Revista da AASP**, São Paulo, n. 75, p. 43-53, 2004.

MELO FILHO, Murilo. **Testemunho político**, 1997.

MENDES, Conrado Hübner. TÍTULO. *In*: ABRANCHES, Sérgio et al. **Democracia em Risco?** 22 ensaios sobre o Brasil hoje.

MIRANDA, Francisco Cavalcanti Pontes de. **Comentários à Constituição**.

MIRANDA, Francisco Cavalcanti Pontes. **Código civil brasileiro**.

MIRANDA, Francisco Cavalcanti Pontes. **Introdução à política científica**.

MIRANDA, Francisco Cavalcanti Pontes. **Os fundamentos atuais do direito constitucional.**

MIRANDA, Francisco Cavalcanti Pontes. **Tratado de direito privado**.

MONTELLO, Josué. **Anedotário da Academia Brasileira**.

MONTELLO, Josué. **O Juscelino Kubitschek de minhas recordações**.

NABUCO, Joaquim. **Minha formação.**

NABUCO, Joaquim. **Um estadista do império.**

NAPOLITANO, Marcos. **1964:** história do regime militar brasileiro. São Paulo: Editora Contexto, 2014.

NEVES, José Roberto de Castro. **Brasileiros**. 1. ed. Rio de Janeiro: Nova Fronteira, 2020.

NEVES, José Roberto de Castro. TÍTULO. *In*: NEVES, José Roberto de Castro. **Brasileiros**. 1. ed. Rio de Janeiro: Nova Fronteira, 2020.

NORTHFLEET, Ellen Gracie. Ainda sobre o efeito vinculante. **Revista de Informação Legislativa**, Brasília, v. 33, n. 131, p. 133-134, jul./set. 1996.

NUNES, José de Castro. **Teoria e prática do poder judiciário**, 1943.

OLIVEIRA, Antonio Claudio Mariz de. TÍTULO. *In*: ALVIM, Arruda; ALVIM, Eduardo Arruda; GALDINO, Flavio. **Uma vida dedicada ao direito:** Estudos em homenagem a Roberto Rosas. Salvador: GZ Editora, 2020.

OLIVEIRA, Gleydson Kleber Lopes de. **Recurso Especial**.

PALMÉRIO, Mário. **Chapadão do bugre**.

PASSOS, José Joaquim Calmon. TÍTULO. **Revista do TRF da 1ª Região**, Brasília, v. 9, n. 1, p. 163.

PAULO FILHO, Pedro. **Grandes advogados, grandes julgamentos**. São Paulo: OAB/SP, 1989.

PEREIRA, Merval. Mensalão: O dia a dia do mais importante julgamento da história política do Brasil. 2. ed., 2012.

PETER, Christine. **Supremo Tribunal Virtual aproxima presente do futuro**. 4/7/2020. Disponível em: https://www.conjur.com.br/2020-jul-04/observatorio-constitucional-supremo-tribunal-virtual-aproxima-presente-futuro. Acesso em: 20 out. 2020.

PILATTI, Adriano. **A Constituinte de 1987-1988** – Progressistas, conservadores, ordem econômica e regras do jogo.

PINHEIRO, Armando Castelar. Observações de um economista. **Revista AASP**, São Paulo, n. 75, p. 17-22, 2004.

PRADO JUNIOR, Caio. **Formação do Brasil Contemporâneo**. 5. ed.

REALE, Miguel. **100 anos de ciência do direito no Brasil**. São Paulo: Saraiva, 1973.

REALE, Miguel. **Experiência e cultura**.

REALE, Miguel. **Figuras da inteligência brasileira**.

REALE, Miguel. **Memórias**. Vol. 2. A balança e a espada.

REALE, Miguel. **O direito como experiência**.

REALE, Miguel. **Pluralismo e liberdade**.

RECONDO, Felipe; WEBER, Luiz. **Os onze** – O STF, seus bastidores e suas crises, 2019.

REGO, Gustavo Moraes. **Visões do golpe**: a memória militar sobre 1964.

REIS, Arthur Cesar Ferreira. **História geral da civilização brasileira**. Vol. 4.

RIBEIRO, João. **História do Brasil**. 16. ed.

RODRIGUES, Lêda Boechat. **História do Supremo Tribunal**. Vol. 4.

ROSAS, Roberto. **Direito sumular** - Comentários às súmulas do Supremo Tribunal Federal e do Superior Tribunal de Justiça. 14. ed. São Paulo: Editora Malheiros.

ROSAS, Roberto. **Pedro Lessa** - O Marshal brasileiro.

SAID ALI, Manuel. **Dificuldades da língua portuguesa**. 8. ed.

SAID ALI, Manuel. **Meios de expressão e alterações semânticas**. 2. ed., 1930.

Savatier - Archives de Philosophie du Droit, 1953/54

SILVA, Hélio. **1934** - A Constituinte. Rio de Janeiro: Civilização Brasileira, 1969.

SKYDMORE, Thomas. **Brasil**. De Getúlio a Castelo. 1930-1964.

STEPAN, Alfred. **Os militares na política** - as mudanças de padrões na vida brasileira.

STOLLEIS, Michael. **Juristen** - *Ein Biographisches Lexikon - von der Antike bis zum 20. Jahrhundert,* München: Beck, 2001.

STRECK, Lenio Luiz. Súmulas no direito brasileiro: eficácia, poder e função: a ilegitimidade constitucional do efeito vinculante. 2. ed. Livraria do Advogado.

TOLEDO, Roberto Pompeu de. **O presidente segundo o sociólogo**. 1. ed. São Paulo: Companhia das Letras, 1998.

VALLADÃO, Haroldo. **História do direito especialmente do direito brasileiro**. Rio de Janeiro: Editora Freitas Bastos, 1977.

VASCONCELOS, Bernardo Pereira de. **Manifesto político e exposição de princípios.** Brasília: Ed. Senado Federal, 1978.

VELLOSO, Carlos Mário. Poder Judiciário: Reforma. A Emenda Constitucional nº 45, de 8.12.2004 (Revista Forense nº 378).

VERISSIMO, Luis Fernando. **Ironias do tempo**. São Paulo: Companhia das Letras, 2018.

VIANA FILHO, Luiz. **O governo Castelo Branco**, 1975.

VIANA, Oliveira. Populações Meridionais do Brasil. *In:* SANTIAGO, Silviano. **Intérpretes do Brasil**. Vol. 1.

VILLA, Marco Antonio. **Ditadura à brasileira**: 1964-1985 - a democracia golpeada à esquerda e à direita.

VILLAÇA, Antonio Carlos. **Os saltimbancos da porciúncula**. Rio de Janeiro, 1996.

WAMBIER, Teresa Arruda Alvim *et al.* **Reforma do judiciário**. RT, 2005.

YARSHELL, Flávio Luiz. A reforma do Judiciário e a duração razoável do processo. **Revista da AASP**, São Paulo, n. 75, p. 28-33, 2004.

# VII

# Índice onomástico